Découvrez des Jeux Gratuits en Ligne

Disponible Ici :

BestActivityBooks.com/FREEGAMES

5 ASTUCES POUR DÉMARRER !

1) COMMENT RÉSOUDRE LES MOTS MÊLÉS

Les puzzles sont dans un format classique :

- Les mots sont cachés sans espaces, tirets, ...
- Orientation : Les mots peuvent être écrits en avant, en arrière, vers le haut, vers le bas ou en diagonale (ils peuvent être inversés).
- Les mots peuvent se chevaucher ou se croiser.

2) UN APPRENTISSAGE ACTIF

Un espace est prévu à côté de chaque mots pour noter la traduction. Pour favoriser un apprentissage actif un **DICTIONNAIRE** à la fin de cette édition vous permettra de vérifier et étendre vos connaissances. Cherchez et notez les traductions, trouvez-les dans le Puzzle et ajoutez-les à votre vocabulaire !

3) MARQUEZ LES MOTS

Vous pouvez inventer votre propre système de marquage. Peut-être en utilisez-vous déjà un ? Sinon, vous pourriez, par exemple, marquer les mots qui ont été difficiles à trouver d'une croix, ceux que vous avez aimés d'une étoile, les mots nouveaux d'un triangle, les mots rares d'un diamant, etc...

4) STRUCTUREZ VOTRE APPRENTISSAGE

Cette édition vous offre un **CARNET DE NOTES** très pratique à la fin du livre. En vacances ou en voyage ou à la maison, vous pouvez facilement organiser vos nouvelles connaissances sans avoir besoin d'un second bloc-notes !

5) VOUS AVEZ FINI TOUTES LES GRILLES ?

Allez à la section bonus **CHALLENGE FINAL** pour trouver un jeu gratuit à la fin de cette édition !

Simple et Rapide ! Découvrez notre collection de livres d'activités pour votre prochain moment de détente et **d'apprentissage**, à juste un clic de distance !

Trouvez votre prochain défi sur :

BestActivityBooks.com/MonProchainLivre

À vos marques, prêts... Partez !

Saviez-vous qu'il existe environ 7 000 langues différentes dans le monde ? Les mots sont précieux.

Nous aimons les langues et avons travaillé dur pour créer les livres de la plus haute qualité pour vous. Nos ingrédients ?

Une sélection des thématiques d'apprentissage adaptée, trois belles parts de divertissement, puis nous ajoutons une cuillère de mots difficiles et une pincée de mots rares. Nous les servons avec soin et un maximum de plaisir pour vous permettre de résoudre les meilleurs jeux de mots mêlés qui soient et d'apprendre en vous amusant !

Votre avis est essentiel. Vous pouvez participer activement au succès de ce livre en nous laissant un commentaire. Nous aimerions vraiment savoir ce que vous avez préféré dans cette édition !

Voici un lien rapide qui vous mènera à la page d'évaluation de vos commandes :

BestBooksActivity.com/Avis50

Merci pour votre aide et amusez-vous bien !

De la part de toute l'équipe

1 - Été

ड	ट	ध	ध	ट	ञ	ट	ल	ण	स	ख	ह	छ	ल
◌ा	ग	ण	स	इ	ऊ	श	र	आ	ट	आ	ह	◌ु	र
इ	ब	ग	◌ी	च	◌ा	ल	द	ग	ञ	प	थ	ट	ध
व	◌ि	श	◌्	र	◌ा	म	ठ	स	म	◌ु	द	◌्	र
◌ि	ड	द	◌ो	स	◌्	त	◌ो	◌ं	ऊ	स	इ	ट	ड
◌ं	ह	ढ	भ	ऊ	◌ै	ल	ञ	ब	न	◌्	इ	◌ी	उ
ग	थ	स	छ	◌ो	च	◌ं	ठ	स	◌ि	त	◌ा	र	◌े
श	उ	र	म	ऊ	ज	आ	ड	अ	व	क	◌ा	श	स
प	र	◌ि	व	◌ा	र	न	इ	ल	ह	◌े	ऊ	ध	◌ं
ब	ड	◌े	र	◌ा	ड	◌ा	ल	न	◌ा	◌ं	ट	न	ग
ठ	ख	◌े	ल	ह	र	◌्	ष	ह	फ	छ	न	श	◌ी
स	ड	व	ञ	र	स	म	◌ु	द	◌्	र	त	ट	त
ल	ड	ध	थ	घ	च	य	◌ा	त	◌्	र	◌ा	द	ध
ण	ड	फ	य	उ	घ	ग	व	छ	ञ	स	घ	उ	इ

दोस्तों
डेरा डालना
सितारे
परिवार
बगीचा
खेल
हर्ष
पुस्तकें
अवकाश

समुद्र
संगीत
भोजन
समुद्र तट
डाइविंग
विश्राम
सैंडल
छुट्टी
यात्रा

2 - Adjectifs #2

म	ण	थ	ष	श	न	ऊ	च	प	ब	स	उ	ज	भ
ज	◌ं	ग	ल	◌ी	◌ा	त	ण	◌्	स	य	प	◌ि	र
ब	ट	स	ञ	ल	ट	ष	ग	र	◌्	व	ह	म	आ
◌ू	थ	इ	ध	न	क	श	म	स	व	◌ि	◌ा	◌्	च
त	ञ	त	उ	स	◌ी	ध	ट	◌ि	स	श	र	म	उ
न	य	◌ा	र	प	य	ग	ख	द	◌्	◌्	द	◌े	त
द	◌ि	ल	च	स	◌्	प	व	◌्	थ	व	◌ि	द	◌्
इ	श	ड	न	स	◌ू	ख	◌ा	ध	थ	स	य	◌ा	प
प	◌्	र	◌ा	क	◌ृ	त	◌ि	क	न	न	◌ा	र	◌ा
श	क	◌्	त	◌ि	श	◌ा	ल	◌ी	म	◌ी	श	ध	द
न	श	ढ	◌्	ढ	ष	श	ए	उ	क	य	◌ु	ए	क
ख	भ	य	म	न	ठ	स	स	य	◌ी	त	द	इ	च
छ	ए	र	क	ए	ख	ग	र	ठ	न	आ	◌्	म	ठ
स	◌ु	र	◌ु	च	◌ि	प	◌ू	र	◌्	ण	ध	ढ	इ

विश्वसनीय
प्रसिद्ध
रचनात्मक
उपहार दिया
नाटकीय
सुरुचिपूर्ण
गर्व
मजबूत
दिलचस्प
प्राकृतिक
नया
उत्पादक
शक्तिशाली
शुद्ध
जिम्मेदार
स्वस्थ
नमकीन
जंगली
सूखा

3 - Exploration

छ	ष	ब	श	छ	ण	न	भ	भ	◌ा	ष	◌ा	अ	स
न	द	न	न	ऊ	व	श	ए	◌ू	द	न	द	◌ं	◌ं
भ	ध	श	घ	ठ	द	न	ख	म	भ	य	ध	त	स
थ	फ	ड	भ	ऊ	ढ	◌ू	अ	न	ज	◌ा	न	र	◌्
द	ठ	ड	आ	ग	ख	त	र	◌ो	◌ं	भ	ग	◌ि	क
म	ञ	ल	ब	ब	द	ज	◌ो	ख	◌ि	म	उ	क	◌ृ
द	◌ृ	ढ	◌़	न	◌ि	श	◌्	च	य	प	त	◌्	त
न	य	य	ण	ख	द	थ	आ	ध	ज	घ	◌्	ष	◌ि
स	◌ा	ह	स	उ	ठ	फ	क	ह	◌ा	ख	स	त	य
ग	त	◌ि	व	◌ि	ध	◌ि	त	◌ा	न	◌ो	◌ा	ट	◌ो
थ	◌्	ढ	व	उ	म	आ	ख	ल	व	ज	ह	ल	◌ं
श	र	द	उ	द	ड	ड	श	य	र	ट	इ	ध	त
उ	◌ा	ध	ड	ढ	ल	घ	ण	ण	◌ो	ग	फ	व	ऊ
ष	ऊ	ध	फ	छ	ष	च	ण	ज	◌ं	ग	ल	◌ो	ण

गातोविधि
जानवरों
साहस
संस्कृतियों
खतरों
खोज
दृढ़ निश्चय
अंतरिक्ष
उत्साह
थकावट
अनजान
भाषा
दूर
नया
जोखिम
जंगली
भूभाग
यात्रा

4 - Formes

इ	ल	व	र	◌्	ग	ए	ब	द	फ	श	आ	क	ल
ण	ढ	व	◌े	प	व	ठ	ह	◌ी	ब	◌ं	श	◌ो	ड
व	फ	ऊ	ख	इ	थ	ए	◌ु	र	व	क	द	न	इ
म	ऊ	व	◌ा	श	च	ब	भ	◌्	उ	◌ु	ध	◌े	प
अ	◌ं	ड	◌ा	क	◌ा	र	◌ु	घ	प	म	ट	च	◌्
ब	प	च	ड	द	स	म	ज	व	ढ	च	ए	आ	र
भ	ढ	◌ि	◌ा	ढ	ण	इ	प	◌ृ	ह	स	ग	स	◌ि
थ	स	आ	र	प	स	न	क	त	ग	◌ो	ल	◌ि	ज
घ	न	म	स	◌ा	ड	ख	◌्	◌्	प	फ	स	ल	◌्
ऊ	द	न	ग	ठ	म	फ	ष	त	ख	ख	ग	◌े	म
आ	ट	घ	आ	व	क	◌ि	न	◌ा	र	◌ो	◌ं	◌ं	व
त	◌्	र	◌ि	क	◌ो	ण	ड	ख	आ	ट	छ	ड	क
व	◌ृ	त	◌्	त	ह	ह	ऊ	त	ध	य	ख	र	◌्
आ	उ	आ	म	घ	घ	ह	घ	च	स	च	त	स	र

चाप
किनारों
वर्ग
वृत्त
कोने
वक्र
शंकु
पक्ष
घन
सिलेंडर
दीघवृत्त
रेखा
अंडाकार
बहुभुज
प्रिज्म
पिरामिड
आयत
गोल
त्रिकोण

5 - Salle de Bains

ष	छ	ष	ग	स	म	ए	स	ठ	ग	च	ऊ	ह	ख
इ	श	म	ड	म	ग	ढ	◌ा	र	व	ख	ब	त	ख
त	◌ौ	ल	◌ि	य	◌ा	ऊ	ब	◌ु	ल	ब	◌ु	ल	◌े
◌्	च	ह	◌ो	भ	◌ा	प	◌ु	ब	◌ौ	छ	◌ा	र	स
र	ह	ऊ	द	श	प	थ	न	न	थ	ल	भ	च	◌्
फ	आ	त	ब	◌ै	न	स	◌्	न	◌ा	न	ट	ण	प
ध	ब	य	ट	म	य	ड	न	ह	प	भ	ध	ब	◌ं
प	म	ए	उ	◌्	ह	इ	ल	ग	य	श	त	उ	ज
फ	◌ा	स	च	प	ग	ख	व	ट	त	ख	ग	ड	फ
र	इ	न	ऊ	◌ू	ञ	ल	फ	ऊ	ड	छ	छ	र	फ
भ	उ	आ	◌ी	म	ध	इ	◌ी	द	र	◌्	प	ण	ठ
फ	स	र	म	व	क	◌ै	◌ं	च	◌ी	द	भ	र	घ
श	भ	ब	श	◌ौ	च	◌ा	ल	य	◌ा	ए	ण	ऊ	ए
ड	च	ण	फ	ध	व	च	ए	ढ	ह	ग	ठ	द	घ

स्नान
बुलबुले
कैंची
बौछार
पानी
स्पंज
लोशन
दर्पण
इत्र
नल
साबुन
तौलिया
शैम्पू
गलीचा
शौचालय
भाप

6 - Adjectifs #1

क	द	व	द	इ	ल	प	म	उ	प	स	उ	न	ष
ब	ल	ष	◌ि	ढ	र	म	य	द	त	म	ल	◌ि	श
ऊ	त	◌ा	ण	द	व	◌ि	श	◌ा	ल	◌ा	ञ	र	ख
ध	ग	ण	त	भ	◌े	छ	य	र	◌ा	न	त	प	ख
ग	प	ध	भ	◌ृ	ए	श	फ	श	ड	ख	म	◌े	◌ु
ड	ञ	च	ध	◌ी	म	◌ा	◌ी	भ	ख	घ	घ	क	श
छ	ह	ट	न	ध	स	क	द	ब	व	ह	ढ	◌ृ	ब
य	द	थ	य	ए	थ	क	इ	भ	उ	ध	आ	ष	◌ू
आ	ध	◌ु	न	◌ि	क	स	◌ृ	◌ा	भ	च	क	उ	द
उ	त	ई	म	◌ा	न	द	◌ा	र	व	थ	र	य	◌ा
त	स	थ	◌ा	भ	ष	स	स	◌ी	◌ि	ल	◌ृ	◌ु	र
◌ृ	ऊ	प	स	◌ु	◌ं	द	र	ठ	व	य	ष	व	घ
त	ए	घ	◌ू	ढ	ष	प	ए	ए	आ	ह	क	◌ा	ठ
म	न	ध	म	म	ह	त	◌ृ	व	प	◌ू	र	◌ृ	ण

निरपेक्ष
सक्रिय
खुशबूदार
कलात्मक
आकर्षक
सुंदर
विदेशी
विशाल
उदार
ईमानदार
समान
महत्वपूर्ण
मासूम
युवा
धीमा
भारी
पतला
आधुनिक
उत्तम

7 - Instruments de Musique

म	भ	ब	ग	श	य	इ	ढ	ब	◌ा	स	◌ू	न	त
◌ै	प	◌ि	य	◌ा	न	◌ो	छ	घ	प	◌ै	य	प	◌ु
◌ं	ड	ल	छ	भ	ग	ट	र	भ	ट	क	◌्	क	र
ड	फ	फ	व	ञ	ष	ष	ट	न	ह	◌्	च	च	ह
◌ो	ब	◌ा	◌ं	स	◌ु	र	◌ौ	ऊ	छ	स	ह	ञ	◌ौ
ल	ञ	ट	ध	ट	ग	ए	ट	ख	ड	◌ो	व	भ	झ
◌ि	आ	ब	ऊ	ऊ	ठ	ऊ	प	उ	श	फ	◌ौ	व	◌ं
न	व	◌ा	य	ल	◌ि	न	प	ष	भ	◌ो	ण	उ	क
ब	घ	◌ं	ट	◌ा	ग	म	ग	श	ह	न	◌ा	ई	◌ा
ल	◌ै	ड	य	ल	थ	◌ि	ए	ठ	प	न	ध	उ	र
उ	म	◌ं	न	द	ड	ऊ	ट	ल	ड	च	श	च	स
म	ठ	न	ज	व	ब	ढ	न	◌ा	द	प	ग	ञ	ष
र	त	ऊ	ढ	◌ो	ल	ए	इ	ढ	र	फ	ष	ण	च
व	◌ा	य	ल	न	च	◌े	ल	◌ो	स	ख	ड	ह	च

बैंजो
बासून
झंकार
शहनाई
बांसुरी
घंटा
गिटार
वीणा
मैंडोलिन
टक्कर
पियानो
सैक्सोफोन
ढोल
डफ
तुरही
वायलिन
वायलनचेलो

8 - Échecs

स	ण	र	म	प	स	स	घ	च	ए	र	◌ा	ज	◌ा
फ	घ	आ	ध	आ	छ	म	प	◌ु	उ	ट	◌ा	ग	थ
◌े	ठ	ल	म	ऊ	ल	ष	च	न	ख	ह	व	न	ए
द	ठ	थ	क	◌ा	ल	◌ा	◌ै	◌ौ	◌ि	ग	इ	ब	◌ी
उ	उ	इ	च	थ	ग	ञ	◌ं	त	ग	य	ब	ल	ध
व	ल	थ	थ	ढ	म	ञ	प	◌ि	ट	श	म	◌ि	उ
ख	◌ि	ल	◌ा	ड	◌़	◌ी	◌ि	य	ग	ह	म	द	द
अ	◌ं	क	न	ध	ढ	न	य	◌ो	ड	ण	ग	◌ा	ऊ
इ	ध	थ	र	इ	ह	स	न	◌ं	ख	छ	ग	न	ए
ठ	न	◌ि	ष	◌्	क	◌्	र	◌ि	य	उ	ल	ष	ट
घ	च	त	◌ु	र	ण	न	◌ी	त	◌ि	ख	◌े	ल	भ
प	◌्	र	त	◌ि	य	◌ो	ग	◌ि	त	◌ा	म	ध	आ
ह	र	ञ	स	म	य	व	◌ि	र	◌ो	ध	◌ी	र	ख
ट	◌ू	र	◌्	न	◌ा	म	◌े	◌ं	ट	न	ब	र	म

विरोधी
सफेद
चैंपियन
प्रतियोगिता
चुनौतियों
विकर्ण
चतुर
खेल
खिलाड़ी
काला
निष्क्रिय
अंक
रानी
नियम
राजा
बलिदान
रणनीति
समय
टूर्नामेंट

9 - Herboristerie

अ	उ	म	फ	ट	ग	उ	ब	व	स	ड	ख	ब	ड
त	ज	ल	ह	स	◌ु	न	प	व	◌ौ	र	◌ु	ग	ञ
◌ु	ठ	म	च	प	ण	ह	ध	ख	◌ं	द	श	◌ौ	आ
ल	आ	य	◌ो	◌ु	व	ब	य	ऊ	फ	◌ौ	ब	च	फ
स	◌ा	उ	र	द	त	◌ा	र	ग	◌ो	न	◌ू	◌ा	ध
◌ी	थ	भ	ग	◌ी	◌्	ड	म	भ	ट	◌ी	द	च	व
च	ध	र	क	न	त	क	◌े	स	र	ष	◌ा	न	भ
न	उ	व	छ	◌ा	◌ा	घ	ट	क	◌ु	ठ	र	◌ा	य
प	श	ख	ड	व	र	ख	स	न	फ	स	च	थ	आ
उ	प	◌ा	क	ग	श	◌ौ	◌्	ऊ	न	◌ू	ड	च	ण
ल	◌ै	व	◌े	◌ं	ड	र	व	श	इ	ढ	ल	र	म
ञ	ह	म	ठ	अ	ज	व	◌ा	य	न	प	आ	च	इ
ठ	र	र	श	भ	ण	छ	द	ठ	त	भ	आ	स	ञ
ल	◌ा	स	य	र	य	च	फ	ध	ख	ट	व	इ	ष

लहसुन
खुशबूदार
तुलसी
लाभकारी
पाक
तारगोन
सौंफ
फूल
घटक
बगीचा
लैवेंडर
कुठरा
पुदीना
अजमोद
गुणवत्ता
दौनी
केसर
स्वाद
अजवायन
हरा

10 - Véhicules

र	◌ॉ	क	◌े	ट	◌ै	क	◌्	स	◌ी	भ	ह	ढ	प
र	◌ो	ग	◌ी	व	◌ा	ह	न	◌्	ग	◌ू	◌े	ण	ल
ब	स	ग	छ	उ	भ	य	च	क	म	म	ल	ञ	ऊ
◌े	स	स	श	छ	ख	छ	र	◌ू	ग	◌ि	◌ी	ब	न
ड	र	ग	छ	म	ग	स	न	ट	ड	ग	क	◌ा	र
◌़	ठ	श	ढ	ठ	ग	प	◌ौ	र	क	त	◌ॉ	ल	उ
◌ा	व	◌ि	म	◌ा	न	ख	क	द	◌ा	म	प	ग	ञ
स	◌ा	इ	क	◌ि	ल	न	◌ा	ढ	र	◌ा	◌्	व	ठ
छ	छ	व	ऊ	ष	व	भ	◌ा	श	व	र	ट	ढ	आ
ट	◌्	र	◌ै	क	◌्	ट	र	व	◌ा	◌्	र	त	य
प	न	ड	◌ु	ब	◌्	ब	◌ी	म	◌ं	ग	न	ञ	प
ए	ग	ष	फ	ए	थ	ढ	ध	ऊ	◌ो	श	ट	ब	आ
ञ	ए	छ	ग	ठ	र	ट	आ	ञ	न	ट	◌्	र	क
त	थ	व	त	ग	ञ	म	ञ	ऊ	ञ	ल	र	उ	ध

रोगी वाहन
विमान
नाव
बस
ट्रक
कारवां
नौका
रॉकेट
हेलीकॉप्टर
भूमिगत मार्ग
मोटर
शटल
टायर
बेड़ा
स्कूटर
पनडुब्बी
टैक्सी
ट्रैक्टर
साइकिल
कार

11 - Camping

ब	इ	ह	स	झ	न	क	◌्	श	◌ा	ड	द	उ	ण
स	त	द	◌ा	ल	◌ी	ब	इ	ट	म	◌ो	ब	थ	इ
क	◌ो	ट	ह	उ	ख	ल	द	व	फ	◌ं	ध	छ	त
ल	भ	ह	स	इ	श	र	◌ि	त	य	ग	म	ह	ण
ज	◌ा	फ	◌ि	त	उ	त	क	ञ	ल	◌ी	घ	फ	क
◌ा	ए	ल	क	ठ	ट	प	◌्	र	क	◌ृ	त	◌ि	◌े
न	ष	आ	ट	ध	न	ठ	स	र	ण	र	श	भ	ब
व	न	ग	भ	◌े	य	च	◌ू	प	ह	◌ा	ड	◌़	◌ि
र	द	इ	ल	व	न	ट	च	ठ	ख	भ	ल	र	न
◌ो	ह	उ	छ	र	श	◌ि	क	◌ा	र	क	र	न	◌ा
◌ं	स	ष	च	न	ञ	र	फ	उ	◌ँ	त	छ	ब	ख
ट	◌ो	प	◌ी	ग	च	न	ए	ष	ऊ	द	र	ण	न
श	झ	◌ू	ल	◌ा	त	◌ं	ब	◌ू	भ	ध	द	उ	ख
र	स	◌्	स	◌ी	व	ध	आ	उ	प	क	र	ण	फ

जानवरों
साहसिक
दिक्सूचक
केबिन
डोंगी
नक्शा
टोपी
शिकार करना
रस्सी
उपकरण

आग
वन
झूला
कीट
झील
लालटेन
चाँद
पहाड़
प्रकृति
तंबू

12 - Écologie

व	छ	प	उ	त	◌्	त	र	ज	◌ी	व	◌ि	त	◌ा
व	◌ै	श	◌्	व	◌ि	क	इ	ख	ज	फ	ध	ख	प
ल	ऊ	च	ह	र	स	ञ	ढ	प	ल	ध	स	ट	◌्
ष	ट	स	भ	ए	क	ध	आ	◌ौ	व	उ	◌ं	स	र
उ	ख	◌ू	आ	त	स	◌ृ	फ	ध	◌ा	इ	स	◌्	ज
ष	ल	ख	ण	द	भ	म	त	◌े	य	ख	◌ा	व	◌ा
प	ह	◌ा	ड	◌़	◌ो	◌ं	◌ु	◌ि	◌ु	ञ	ध	य	त
ट	आ	ठ	ए	श	स	म	◌ु	द	◌ा	य	न	◌ं	◌ि
व	◌ि	व	◌ि	ध	त	◌ा	फ	र	◌्	ठ	ऊ	स	य
व	न	स	◌्	प	त	◌ि	ट	ष	ध	र	आ	◌े	◌ा
प	◌्	र	◌ा	क	◌ृ	त	◌ि	क	छ	द	◌ी	व	◌ं
य	श	ए	ग	छ	म	ब	क	उ	प	ल	ञ	क	ग
ञ	व	थ	द	ल	त	ण	◌ा	ड	श	द	ल	◌ो	र
ध	ञ	ड	ख	थ	आ	द	ऊ	छ	◌ु	ल	ठ	◌ं	ष

स्वयंसेवकों
जलवायु
समुदाय
विविधता
टिकाऊ
प्रजातियां
पशु
वैश्विक
दलदल
समुद्री
पहाड़ों
प्रकृति
प्राकृतिक
पौधे
संसाधन
सूखा
उत्तरजीविता
वनस्पति

13 - Astronomie

त	ञ	ञ	आ	ग	म	न	र	च	उ	ध	ध	ञ	ष
त	ण	ब	क	व	◌े	ध	श	◌ा	ल	◌ा	आ	स	म
य	घ	त	◌ा	ब	◌ि	य	ट	◌ॅ	◌्	स	ब	◌ु	ष
च	इ	फ	श	थ	◌्	ष	प	द	क	र	ल	प	न
व	◌ि	क	◌ि	र	ण	र	◌ु	ट	◌ा	स	◌ौ	र	◌ि
ग	थ	उ	व	ल	र	ढ	ह	व	भ	घ	ण	न	ह
घ	उ	प	ग	◌्	र	ह	घ	◌्	भ	ञ	ष	◌ो	◌ा
ण	ढ	◌ृ	ग	◌्	र	ह	ण	ल	म	इ	ब	व	र
ल	ग	थ	आ	क	◌ा	श	ग	◌ं	ग	◌ा	ध	◌ा	◌ि
न	क	◌्	ष	त	◌्	र	◌ॉ	क	◌े	ट	◌ं	व	क
प	द	व	र	स	◌ं	स	◌ा	र	न	ष	आ	ड	◌ा
ढ	म	◌ी	ष	ह	ए	भ	ख	त	ठ	ष	ह	व	च
न	न	क	◌्	ष	◌ु	द	◌्	र	ग	◌्	र	ह	ह
ख	ग	◌ो	ल	व	◌ि	ज	◌्	ञ	◌ा	न	◌ी	द	भ

क्षुद्रग्रह
खगोल विज्ञानी
आकाश
नक्षत्र
ब्रह्मांड
ग्रहण
विषुव
रॉकेट
आकाशगंगा
चाँद
उल्का
निहारिका
वेधशाला
ग्रह
विकिरण
उपग्रह
सौर
सुपरनोवा
पृथ्वी
संसार

14 - Types de Cheveux

भ	स	ह	ऊ	च	ल	उ	ह	ल	ञ	ग	य	द	ब
स	व	फ	ह	छ	ण	म	च	म	क	द	◌ा	र	ऊ
य	ड	ट	◌े	ग	◌ो	र	◌ा	घ	ष	ग	ग	◌ं	ड
न	ण	ड	ख	द	य	ण	◌ँ	छ	ड	त	ञ	ग	आ
स	◌्	व	स	◌्	थ	र	द	ध	ट	ष	फ	◌ी	य
ञ	न	ञ	घ	आ	ख	श	◌ी	च	आ	ख	घ	न	ल
स	न	ध	◌ु	ब	र	उ	य	ऊ	ल	थ	ऊ	ड	ट
इ	न	ए	◌े	ब	ख	र	ड	घ	ध	य	ष	प	छ
ण	ण	ग	घ	क	ह	ष	ख	ठ	घ	ऊ	ए	त	ष
ए	ल	ह	र	◌ा	त	◌ी	म	ऊ	ध	भ	ब	ल	छ
न	क	म	◌ा	ल	ख	इ	◌ो	ग	स	◌ू	ख	◌ा	श
क	र	◌्	ल	◌ा	ह	इ	ट	◌ं	ख	र	स	ठ	ह
ष	स	म	◌े	ञ	थ	व	◌ा	ज	ब	◌ा	आ	र	ष
ल	◌ं	ब	◌ा	म	ब	इ	उ	◌ा	प	इ	ठ	ल	ष

चाँदी
सफेद
गोरा
कर्ल
चमकदार
गंजा
रंगीन
कम
नरम
मोटा
घुंघराले
धूसर
लंबा
भूरा
पतला
काला
लहराती
स्वस्थ
सूखा
लट

15 - Restaurant #1

आ	र	क	◌्	ष	ण	ष	म	द	ञ	म	छ	त	ब
फ	म	च	ठ	ख	द	ढ	इ	क	◌ॉ	फ	◌़	◌ी	प
ष	◌े	इ	च	फ	उ	य	ष	श	त	घ	ध	ण	ण
व	न	◌ै	प	क	◌ि	न	ढ	य	ब	प	ष	ख	च
ठ	◌्	ध	र	र	ल	ह	इ	इ	ख	ठ	च	ज	च
प	य	ह	र	ढ	भ	म	स	◌ा	ल	◌े	द	◌ा	र
◌्	◌ू	ए	ड	थ	◌ो	व	◌ि	ढ	प	र	द	◌ं	◌ो
ल	ए	ल	र	◌्	ज	◌ी	◌े	ठ	र	स	ऊ	च	ट
◌े	च	ट	न	◌ी	न	ख	क	ट	◌ा	◌ो	ट	◌ी	◌ी
ट	स	◌ा	म	ग	◌्	र	◌ी	ट	◌्	ई	च	इ	द
आ	ब	ऊ	च	◌ि	क	न	ड	ठ	◌ो	र	ख	ब	ढ
ह	ध	प	◌ा	ल	म	◌ा	◌ं	स	इ	र	◌े	व	थ
र	आ	ठ	क	च	ढ	छ	उ	च	आ	ष	◌ा	स	प
उ	उ	र	◌ू	उ	घ	ऊ	घ	ल	व	ञ	ए	ध	प

एलर्जी
प्लेट
कटोरा
कॉफ़ी
खजांची
चाकू
रसोई
मिठाई
मसालेदार
सामग्री
मेन्यू
भोजन
रोटी
चिकन
आरक्षण
चटनी
वेट्रेस
नैपकिन
मांस

16 - Mammifères

आ	फ	ग	ए	ब	ख	उ	ष	ट	भ	व	ष	प	इ
क	ष	◌ो	स	ह	◌ि	र	फ	ऊ	◌ा	◌्	ब	ड	ह
◌ं	ग	र	ष	ब	ह	ल	ग	ड	ल	ह	स	भ	ल
ग	श	◌ि	ह	◌ा	थ	◌ी	◌्	◌ो	◌ू	◌े	प	थ	भ
◌ा	क	ल	ध	घ	द	उ	फ	ल	श	ल	ढ	स	आ
र	◌ु	◌्	ज	◌ि	र	◌ा	फ	◌़	◌ी	घ	इ	आ	ट
◌ू	त	ल	ल	◌ो	म	ड	◌़	◌ी	घ	◌ो	ड	◌़	◌ा
ष	◌्	◌ा	ह	इ	ख	भ	ज	◌़	◌े	ब	र	◌ा	ए
ऊ	त	ट	ध	च	ग	◌े	क	◌ो	य	◌ो	ट	ब	ग
स	◌ा	ट	ठ	श	म	ड	◌ॉ	ल	◌्	फ	◌ि	न	ऊ
ण	उ	प	भ	◌े	ड	◌़	प	छ	ऊ	म	र	ग	व
ए	ब	◌ं	द	र	ए	◌ि	प	ब	स	ख	ऊ	इ	ञ
ञ	ख	ल	ठ	च	त	य	म	स	◌ु	भ	आ	द	व
म	ष	य	ढ	व	ऊ	◌ा	न	ए	श	ल	आ	य	म

व्हेल
बिल्ली
घोड़ा
कुत्ता
कोयोट
डॉल्फिन
हाथी
जिराफ़
गोरिल्ला
कंगारू
ख़रगोश
शेर
भेड़िया
भेड़
भालू
लोमड़ी
बंदर
बुल
बाघ
ज़ेबरा

17 - Sports

च	क	र	◌े	फ	र	◌ी	ब	ह	म	ए	श	न	ज
◌ै	◌ो	न	ठ	प	च	आ	◌े	च	◌ॉ	घ	च	व	ि◌
म	च	य	घ	व	ण	फ	स	◌ा	इ	क	ि◌	ल	म
◌्	ष	ग	ग	◌्	ठ	श	ब	ऊ	थ	न	◌ी	छ	न
प	त	य	ए	य	भ	म	◌ॉ	उ	श	ढ	ष	च	◌ा
ि◌	थ	ञ	श	◌ा	ख	ि◌	ल	◌ा	ड	◌़	◌ी	थ	स
य	ऊ	ब	म	य	ह	स	ट	◌ी	म	त	ढ	ष	◌्
न	ड	ख	ब	◌ा	स	◌्	क	◌े	ट	ब	◌ॉ	ल	ट
श	इ	ल	उ	म	श	ट	य	ञ	न	व	ए	ञ	ि◌
ि◌	ग	छ	ग	श	भ	◌े	भ	ञ	श	ि◌	भ	ग	क
प	◌ो	ञ	ध	◌ा	थ	ड	छ	ढ	फ	ज	स	त	ख
थ	ल	आ	छ	ल	ध	ि◌	त	य	व	◌े	छ	ि◌	◌े
घ	◌्	आ	स	◌ा	ए	य	ए	न	ढ	त	फ	प	ल
ऊ	फ	स	भ	म	ख	म	ञ	द	व	◌ा	ञ	ड	ब

रेफरी
बेसबॉल
बास्केटबॉल
चैम्पियनशिप
कोच
टीम
विजेता
गोल्फ
व्यायामशाला
जिमनास्टिक
हॉकी
खेल
खिलाड़ी
गति
स्टेडियम
टेनिस
साइकिल

18 - Chocolat

ग	व	प	क	◌ै	ल	◌ो	र	◌ी	न	त	ख	घ	ए
उ	◌ु	घ	ड	ध	श	ढ	ष	ट	◌ा	य	छ	आ	◌ं
इ	ए	ण	◌़	म	ठ	प	त	ह	र	ट	ख	ड	ट
ठ	ट	र	व	◌ि	द	◌े	श	◌ी	◌ि	ढ	द	ड	◌ी
ख	ह	ट	◌ा	त	आ	ध	द	ए	य	व	घ	त	ऑ
स	◌ु	ग	◌ं	ध	◌्	ट	उ	ड	ल	◌ि	क	ए	क
इ	◌्	ब	थ	इ	ध	त	र	क	द	ध	◌ै	च	◌्
ड	च	व	व	म	◌ि	ठ	◌ा	ई	◌ु	◌ि	◌ं	◌ी	स
त	ह	प	◌ा	उ	ड	र	त	फ	ट	ट	ड	न	◌ी
क	◌ो	क	◌ो	द	म	◌ू	◌ं	ग	फ	ल	◌ी	◌ी	ड
स	◌्	व	◌ा	द	◌ि	प	◌्	र	◌ि	य	ऊ	र	◌े
छ	इ	ब	घ	द	म	ष	ष	व	घ	घ	ट	क	◌ं
द	ल	ञ	ख	घ	व	ट	◌्	य	य	ण	स	ऊ	ट
ढ	त	ब	ग	ञ	न	ख	च	ट	त	त	ए	आ	ठ

कड़वा
एंटीऑक्सीडेंट
सुगंध
कुटीर
कैंडी
मूंगफली
कोको
कैलोरी
स्वादिष्ट
मिठाई
विदेशी
प्रिय
स्वाद
घटक
नारियल
पाउडर
गुणवत्ता
विधि
चीनी

19 - Mathématiques

ब	ध	ट	च	स	व	ग	क	प	च	ऊ	उ	इ	ज
छ	ऊ	ऊ	द	ए	◌ी	र	इ	◌ो	च	श	त	द	◌्
ट	ञ	प	म	ञ	उ	ध	◌्	म	ण	ञ	इ	ट	य
ढ	ध	न	फ	द	न	फ	◌ा	ग	ल	आ	ह	ठ	◌ा
प	र	◌ि	ध	◌ि	त	◌्	र	◌ि	ज	◌्	य	◌ा	म
ब	ह	◌ु	भ	◌ु	ज	ल	ब	ह	स	फ	द	व	◌ि
स	थ	आ	व	◌ि	भ	◌ा	ज	न	म	ख	श	◌्	त
म	आ	य	त	न	स	म	◌ी	क	र	ण	म	य	◌ि
◌ा	श	त	◌्	र	◌ि	क	◌ो	ण	◌ू	अ	ल	◌ा	स
न	अ	◌ं	क	ग	ण	◌ि	त	व	प	◌ं	व	स	स
◌ा	ह	ठ	इ	ढ	द	उ	ग	म	त	श	म	व	म
◌ं	च	य	प	◌्	र	त	◌ि	प	◌ा	द	क	त	श
त	ष	प	ञ	उ	ड	त	ष	द	ढ	ड	ब	घ	उ
र	व	म	ऊ	श	ढ	ढ	ध	च	य	◌ो	ग	द	ए

कोण
अंकगणित
वर्ग
परिधि
दशमलव
व्यास
विभाजन
प्रतिपादक
समीकरण
अंश
ज्यामिति
समानांतर
सीधा
बहुभुज
त्रिज्या
आयत
योग
समरूपता
त्रिकोण
आयतन

20 - Mythologie

न	म	द	य	न	आ	ट	भ	च	व	ब	भ	स	ख
व	◌ि	श	◌्	व	◌ा	स	◌ो	◌ं	◌्	◌ि	◌ू	◌ं	य
आ	ई	र	◌्	ष	◌्	य	◌ा	ज	य	ज	ल	स	श
ञ	ह	ब	न	न	ड	◌ो	क	◌ं	व	ल	भ	◌्	द
ज	◌ा	द	◌ु	ई	त	द	ड	त	ह	◌ी	◌ु	क	फ
आ	ड	ल	त	स	थ	◌्	ञ	◌ु	◌ा	च	ल	◌ृ	छ
थ	त	◌ा	भ	इ	फ	ध	ष	ट	र	श	◌ै	त	च
ष	ब	थ	स	ऊ	ड	◌ा	ञ	ञ	त	ए	य	◌ि	इ
ठ	उ	स	द	◌ं	त	क	थ	◌ा	त	ग	◌ा	ष	र
ब	छ	ढ	◌ृ	र	ब	ष	इ	श	ह	आ	र	भ	◌ा
फ	प	भ	ढ	ज	अ	म	र	त	◌ा	प	छ	ज	क
भ	थ	थ	ठ	ष	न	श	◌्	व	र	द	फ	न	◌्
थ	ढ	ग	व	इ	ठ	त	ह	फ	त	◌ा	क	त	ष
म	◌ू	ल	र	◌ू	प	आ	द	र	◌्	श	र	ञ	स

मूलरूप आदर्श
आपदा
व्यवहार
सृजन
जंतु
विश्वासों
संस्कृति
बिजली
ताकत
योद्धा
नायक
अमरता
ईर्ष्या
भूलभुलैया
दंतकथा
जादुई
राक्षस
नश्वर
गरज
बदला

21 - Restaurant #2

र	म	ड	थ	स	◌ू	प	ढ	त	य	ल	इ	ब	ञ
◌ा	छ	ण	ष	द	ख	◌े	◌ा	उ	भ	र	ख	र	र
त	ल	आ	न	आ	फ	य	य	न	◌ू	ड	ल	◌्	स
क	◌ी	द	ष	च	म	◌्	म	च	◌ी	ह	ष	फ	ब
◌ा	भ	र	म	आ	ए	घ	फ	ल	च	ह	ड	ह	◌्
ख	इ	च	त	आ	फ	ल	ब	प	च	व	ल	ख	ज
◌ा	व	क	◌ु	र	◌्	स	◌ी	ढ	य	ऊ	ठ	उ	◌ि
न	ब	◌े	म	स	◌ा	ल	◌े	भ	ष	प	ठ	द	य
◌ा	ढ	क	ट	प	ह	उ	र	भ	स	ल	र	इ	◌ा
द	◌ो	प	ह	र	क	◌ा	भ	◌ो	ज	न	आ	ण	◌ं
ए	फ	ढ	स	◌्	व	◌ा	द	◌ि	ष	◌्	ट	ग	य
थ	ड	न	म	क	द	ख	◌ं	स	ल	◌ा	द	फ	प
ह	ठ	स	व	ड	ण	ष	य	ट	अ	◌ं	ड	◌े	र
भ	उ	य	न	त	ख	श	फ	फ	◌ा	ठ	ग	ण	ग

पेय
कुर्सी
चम्मच
दोपहर का भोजन
स्वादिष्ट
रात का खाना
पानी
मसाले
कांटा
फल

केक
बर्फ
सब्जियां
नूडल्स
अंडे
मछली
सलाद
नमक
वेटर
सूप

22 - Avions

व	◌ा	य	◌ु	घ	र	ढ	इ	ब	ए	य	ई	ग	थ
इ	◌ं	ज	न	◌े	व	◌ि	ग	◌े	ट	◌ा	◌ं	◌ु	ह
ञ	ह	श	य	घ	उ	क	स	व	प	त	ध	ब	द
उ	श	ष	ञ	ध	व	घ	◌्	द	श	◌्	न	◌्	ष
ष	ष	ग	घ	स	य	र	ल	र	प	र	◌ि	ब	ड
ह	◌ा	इ	ड	◌्	र	◌ो	ज	न	◌ू	◌ी	र	◌ा	ढ
ऊ	◌ं	च	◌ा	ई	स	◌ा	ह	स	◌ि	क	◌्	र	घ
व	◌ा	य	◌ु	म	◌ं	ड	ल	ष	ध	आ	म	◌ा	आ
य	ढ	च	न	य	थ	ह	इ	त	◌ि	ह	◌ा	स	भ
प	अ	श	◌ा	◌ं	त	◌ि	व	ह	थ	ब	ण	ष	ध
भ	◌ा	र	ड	र	ड	भ	द	ञ	उ	उ	ख	ह	ब
इ	च	य	ठ	थ	फ	ड	◌ि	ज	◌ा	इ	न	ढ	प
ब	स	न	ल	आ	क	◌ा	श	अ	व	त	र	ण	म
ध	प	ठ	ल	ट	ल	ण	◌ा	ड	ब	इ	ख	म	श

वायु
वायुमंडल
अवतरण
साहसिक
गुब्बारा
ईंधन
आकाश
निर्माण
वंश
डिजाइन
दिशा
क्रू
ऊंचाई
इतिहास
हाइड्रोजन
इंजन
नेविगेट
यात्री
पायलट
अशांति

23 - Aventure

ग	ए	स	त	ग	ख	इ	म	इ	ह	प	स	च	ख
ष	ठ	◌ु	◌ै	त	◌ं	ठ	न	द	र	थ	◌ु	◌ु	त
ऊ	ऊ	र	य	◌ि	आ	त	अ	◌ो	◌्	प	◌ं	न	र
त	छ	क	◌ा	व	स	च	व	स	ष	◌्	द	◌ौ	न
म	य	◌्	र	◌ि	य	छ	स	◌्	ध	र	र	त	◌ा
व	र	ष	◌ी	ध	ट	ट	र	त	य	द	त	◌ि	क
ग	स	◌ा	ण	◌ि	ष	य	ड	◌ो	ए	र	◌ा	य	ब
म	◌ौ	क	◌ा	र	इ	◌ा	ऊ	◌ं	इ	◌्	इ	◌ो	उ
क	ठ	◌ि	न	◌ा	ई	त	फ	ल	घ	श	द	◌ं	ड
भ	व	छ	य	उ	त	◌्	स	◌ा	ह	न	म	छ	ए
त	◌्	◌ी	◌ा	प	◌्	र	क	◌ृ	त	◌ि	र	फ	न
च	ट	र	र	फ	ए	◌ा	घ	ट	य	ञ	स	व	ध
ड	व	ग	म	त	अ	स	◌ा	म	◌ा	न	◌्	य	ख
ख	प	ख	ञ	ण	◌ा	ह	फ	घ	ल	आ	फ	ऊ	उ

गातोवोधे
दोस्तों
सुंदरता
वीरता
मौका
खतरनाक
गंतव्य
चुनौतियों
कठिनाई
उत्साह
भ्रमण
असामान्य
हर्ष
प्रकृति
पथ प्रदर्शन
नया
अवसर
तैयारी
सुरक्षा
यात्रा

24 - Ville

फ	◌ू	ल	व	◌ा	ल	◌ा	ड	स	च	न	घ	स	ल
स	न	ष	ध	ब	ग	ए	स	◌ं	घ	ड	ञ	◌्	त
◌ि	ह	य	ह	ब	भ	◌ै	र	ग	ख	ह	◌ो	ट	ल
न	आ	थ	व	प	घ	ध	ल	◌्	ड	ब	ण	◌े	ठ
◌े	व	य	◌ा	◌ु	ठ	म	ड	र	व	आ	ऊ	ड	च
म	स	ध	ई	स	ऊ	ध	म	ह	◌ी	फ	फ	◌ि	थ
◌ा	प	श	अ	◌्	उ	क	ब	◌ा	ज	◌ा	र	य	◌ि
ध	ठ	ढ	ड	त	व	◌्	◌े	ल	भ	र	स	म	ए
ब	ढ	स	◌्	क	◌ू	ल	क	य	◌ो	◌्	◌ै	र	ट
ध	◌ै	ढ	ड	◌ा	द	◌ि	र	श	ज	म	ल	य	र
उ	व	◌ं	◌ा	ल	ष	न	◌ी	ञ	न	◌े	◌ू	च	य
ह	ण	फ	क	य	ञ	◌ि	ए	ख	◌ा	स	न	आ	र
घ	उ	ल	प	ट	श	क	ब	ष	ल	◌ी	य	प	थ
व	◌ि	श	◌्	व	व	◌ि	द	◌्	य	◌ा	ल	य	न

हवाई अड्डा
बैंक
पुस्तकालय
बेकरी
सिनेमा
क्लिनिक
स्कूल
फूलवाला
गैलरी
होटल
बाजार
संग्रहालय
फार्मेसी
भोजनालय
सैलून
स्टेडियम
थिएटर
विश्वविद्यालय

25 - Cuisine

ष	स	द	द	ल	थ	ग	ष	र	ख	स	ख	ख	इ
क	◌े	त	ल	◌ी	च	र	घ	भ	ए	श	ञ	ध	व
ए	ए	ए	र	ढ	आ	च	श	द	इ	ञ	आ	त	न
थ	उ	श	ख	ब	म	ध	ट	ष	द	च	इ	भ	ब
ण	थ	आ	फ	ध	ब	स	ढ	फ	आ	फ	च	उ	य
ड	ए	स	◌्	प	◌ं	ज	◌ा	ड	र	ण	ब	व	ल
क	प	क	र	छ	◌ु	ल	फ	ल	ऊ	व	ऊ	च	न
ध	आ	◌ा	◌ी	थ	द	ञ	ष	◌्	◌े	◌ि	र	म	◌ै
छ	क	◌ं	ज	ग	स	ख	घ	ड	र	ध	भ	◌्	प
ब	ख	ट	र	ए	आ	ब	ञ	ब	ढ	◌ि	◌ो	म	क
श	ख	◌े	◌ो	ग	◌्	र	◌ि	ल	आ	व	ज	च	◌ि
श	ल	ल	आ	र	ष	ण	आ	आ	ओ	व	न	◌ा	न
च	◌ी	न	◌ी	क	◌ा	◌ॅ	ट	◌ा	द	भ	ण	क	ञ
न	ञ	ढ	भ	ए	प	◌्	र	न	छ	र	आ	◌ू	म

चीनी कॉंटा
कटोरा
केतली
फ्रीजर
चाकू
जग
चम्मच
मसाले
स्पंज
ओवन
कांटे
ग्रिल
करछुल
भोजन
विधि
फ्रिज
नैपकिन
एप्रन
कप

26 - Gentillesse

घ	ष	ब	च	द	अ	म	फ	स	म	झ	म	प	ध
ख	ढ	आ	य	व	◌ि	न	◌ी	त	ण	ख	◌े	त	ध
ढ	र	य	ट	आ	उ	ष	◌ु	द	स	छ	ह	म	ऊ
स	उ	ञ	ल	र	आ	च	◌ौ	क	स	द	म	ख	व
आ	द	ह	आ	ह	र	भ	थ	ठ	◌ू	व	◌ा	ग	ष
व	◌ा	स	◌्	त	व	◌ि	क	ऊ	ण	ल	न	◌्	ई
उ	र	ह	च	घ	च	द	प	न	ग	उ	न	र	म
ष	ष	न	घ	ठ	प	ट	य	छ	ख	प	व	ह	◌ा
छ	छ	श	भ	स	◌्	न	◌े	ह	◌ी	य	◌ा	ण	न
च	ञ	◌ी	ञ	द	य	◌ा	ल	◌ु	ब	◌ो	ज	श	द
ध	ह	ल	ठ	ड	◌ा	भ	घ	थ	छ	ग	ए	◌ी	◌ा
ब	द	च	छ	र	र	◌ो	ग	◌ी	ए	◌ी	ढ	ल	र
न	म	छ	श	ख	◌ु	श	ठ	इ	ष	न	ण	य	छ
व	◌ि	श	◌्	व	स	न	◌ी	य	छ	ढ	ए	इ	ण

स्नेही
प्यार
अनुकूल
चौकस
वास्तविक
दयालु
समझ
विश्वसनीय
उदार
खुश
ईमानदार
मेहमाननवाज
रोगी
विनीत
ग्रहणशील
सहनशील
उपयोगी

27 - Corps Humain

प	ऊ	द	व	ज	ग	ढ	भ	ठ	स	ऊ	ग	ह	ए
र	स	◌ि	र	ए	ब	र	ञ	ञ	ष	फ	ण	ष	छ
य	प	म	◌ु	◌ँ	ह	ड	◌्	क	◌ं	ध	◌ा	ल	भ
ए	ह	◌ा	थ	द	द	प	◌़	द	न	ध	ह	ऊ	ए
उ	◌ं	ग	ल	◌ी	य	◌े	त	◌ा	न	ब	◌ो	ए	ब
ठ	◌ो	ड	◌़	◌ी	प	ट	स	ल	म	थ	◌ं	न	छ
ट	ख	न	◌े	घ	◌ु	ट	न	◌ा	ञ	ख	ठ	र	ढ
य	ठ	द	घ	च	ढ	आ	ध	क	◌ो	ह	न	◌ी	उ
ग	ण	च	उ	◌े	त	◌्	व	च	◌ा	ट	प	छ	ठ
व	आ	ह	ड	ह	छ	व	ब	य	थ	न	आ	ख	र
द	र	ए	ल	र	प	ष	ठ	ड	श	फ	न	◌ा	क
ध	ट	भ	ऊ	◌ा	ष	द	◌ि	ल	ए	इ	ड	ए	◌्
ठ	ए	ख	प	प	प	ए	त	ल	ट	प	ध	ए	त
ग	ड	फ	फ	व	फ	थ	ञ	छ	न	व	म	ञ	ट

मुँह
दिमाग
टख़ने
गर्दन
कोहनी
दिल
उंगली
पेट
कंधा
घुटना

होंठ
हाथ
जबड़ा
ठोड़ी
नाक
कान
त्वचा
रक्त
सिर
चेहरा

28 - Épices

इ	छ	म	छ	ज	◌ी	र	◌ा	ड	ठ	स	इ	ष	छ
ब	अ	प	ग	थ	ज	ध	न	ख	ट	◌्	ट	◌ा	न
न	द	◌्	य	प	◌ा	न	म	क	ग	व	क	प	उ
च	र	य	द	क	य	◌ि	◌े	◌ि	श	◌ा	र	ल	ग
इ	क	◌ा	द	ड	फ	य	थ	ष	र	द	◌ी	उ	छ
ल	ष	ज	च	◌़	ल	◌ा	◌ी	स	भ	◌्	त	छ	भ
◌ा	ह	फ	च	व	न	◌ी	ल	◌ा	ड	ब	च	ण	त
य	ल	स	द	◌ा	ल	च	◌ी	न	◌ी	क	स	ह	ष
च	◌्	ढ	◌ु	द	प	ञ	ड	ख	फ	श	◌े	ञ	व
◌ी	द	ण	म	न	ह	स	थ	ह	उ	उ	ध	स	छ
ध	◌ी	आ	छ	आ	व	ढ	ञ	थ	थ	स	ए	न	र
घ	ण	ख	प	ग	प	उ	म	म	स	◌ौ	ट	घ	ञ
स	ह	त	फ	न	ए	व	ट	ह	ध	◌ं	ढ	ग	व
ण	ए	द	ब	इ	ख	व	ठ	ए	ब	फ	व	म	थ

खट्टा
लहसुन
कड़वा
दालचीनी
इलायची
धनिया
जीरा
हल्दी
करी
सौंफ
मेथी
अदरक
जायफल
प्याज़
मिर्च
नद्यपान
केसर
स्वाद
नमक
वनीला

29 - Science

ब	इ	त	थ	ज	ठ	अ	ऊ	प	त	प	ञ	घ	र
ए	स	र	ख	◌ी	थ	व	अ	ल	थ	◌्	ल	त	भ
त	ड	◌ी	श	व	ऊ	ल	ण	क	◌्	र	थ	फ	ग
ल	छ	क	ठ	◌ा	ख	◌ो	◌ु	ण	य	य	व	य	घ
त	ल	◌ा	इ	श	ञ	क	ओ	त	म	◌ो	ञ	भ	ठ
स	ए	द	ग	◌्	फ	न	◌ं	न	ठ	ग	थ	ठ	ध
ब	त	प	र	म	◌ा	ण	◌ु	व	◌ि	क	◌ा	स	प
प	◌्	र	क	◌ृ	त	◌ि	ञ	ल	फ	ड	ठ	इ	ह
ब	ह	भ	◌ौ	त	◌ि	क	व	◌ि	ज	◌्	ञ	◌ा	न
र	◌ा	स	◌ा	य	न	◌ि	क	ण	ल	ड	ण	व	ज
ख	न	◌ि	ज	ढ	म	ल	न	र	व	ण	◌े	घ	◌ी
प	◌्	र	य	◌ो	ग	श	◌ा	ल	◌ा	च	च	ट	व
प	र	◌ि	क	ल	◌्	प	न	◌ा	य	स	ग	य	◌ा
व	◌ै	ज	◌्	ञ	◌ा	न	◌ि	क	◌ु	ह	ख	ऊ	फ

परमाणु
रासायनिक
जलवायु
डेटा
प्रयोग
विकास
तथ्य
जीवाश्म
परिकल्पना
प्रयोगशाला
तरीका
खनिज
अणुओं
प्रकृति
अवलोकन
जीव
कण
भौतिक विज्ञान
वैज्ञानिक

30 - Chats

आ	ब	ञ	ण	श	स	ह	आ	इ	भ	य	उ	उ	श
ए	प	◌ा	ग	ल	थ	◌्	श	ल	त	थ	ऊ	श	ण
ठ	प	ड	ञ	स	स	ध	व	ठ	न	ह	फ	थ	आ
ह	त	घ	त	ठ	द	फ	◌्	त	◌ी	ह	र	◌ा	म
च	◌ं	च	ल	त	म	म	य	श	◌ं	भ	इ	ड	ष
प	उ	श	प	ज	◌े	ध	क	◌ि	द	त	ठ	◌़	च
◌ू	ज	र	ध	◌ं	प	ज	◌्	क	ड	आ	◌्	◌ा	◌ू
◌ं	◌ि	◌्	ट	ग	ज	ऊ	त	◌ा	घ	ढ	ढ	र	ह
छ	ज	म	स	ल	ध	◌ा	◌ि	र	श	ठ	ऊ	आ	◌ा
ए	◌्	◌ी	ठ	◌ी	◌ा	ड	त	◌ी	र	ट	ध	घ	ख
स	ञ	ल	ब	श	ग	इ	◌्	स	◌्	न	◌े	ह	◌ी
व	◌ा	◌ा	ब	त	◌ा	स	व	प	म	फ	ण	ञ	ब
छ	स	ञ	च	व	ञ	छ	च	ठ	न	इ	श	स	श
ऊ	◌ु	ह	फ	य	ञ	ग	ढ	उ	ढ	च	आ	थ	श

स्नेही
शिकारी
जिज्ञासु
नींद
चंचल
धागा
पागल
फर
स्वतंत्र
पंजा
व्यक्तित्व
थोड़ा
पूंछ
तेज
जंगली
चूहा
शर्मीला

31 - Vêtements

ब	ह	व	ए	थ	प	ढ	द	स	◌्	त	◌ा	न	◌े
प	◌ा	ज	◌ा	म	◌ा	◌ो	ह	◌ु	फ	स	ट	च	ऊ
भ	र	स	क	त	प	र	श	ञ	प	छ	प	ए	फ
क	छ	◌ै	ट	म	भ	ढ	द	◌ा	ष	ट	ठ	ण	◌ै
◌ं	ग	◌ं	◌ो	ल	◌ी	ठ	प	प	क	ठ	◌्	ग	श
ग	ऊ	ड	प	ख	ऊ	ज	ए	प	◌्	र	न	ट	न
न	घ	ल	◌ी	ऊ	ञ	◌ू	ब	◌्	ल	◌ा	उ	ज	◌ा
स	◌्	क	र	◌्	ट	त	◌े	स	◌्	व	◌े	ट	र
त	प	च	ऊ	ट	ट	◌ा	ल	ज	◌ी	न	◌्	स	ए
न	◌ै	ञ	फ	आ	ख	फ	◌्	◌ै	स	ग	ञ	ञ	घ
ह	◌ं	र	ग	ठ	ह	प	ट	क	ण	ऊ	थ	ध	ण
ध	ट	थ	न	र	ख	प	ठ	◌े	र	घ	श	न	घ
स	भ	क	◌ो	ट	ख	आ	छ	ट	ण	उ	ठ	त	ऊ
ढ	य	इ	ऊ	ड	द	ठ	र	श	छ	भ	ख	थ	स

कंगन
बेल्ट
टोपी
जूता
कमीज
ब्लाउज
हार
दुपट्टा
दस्ताने
जीन्स

स्कर्ट
कोट
फैशन
पैंट
स्वेटर
पाजामा
पोशाक
सैंडल
एप्रन
जैकेट

32 - Arts Visuels

द	त	भ	ख	ठ	आ	ड	श	त	व	ह	प	श	व
फ	फ	स	स	उ	ड	प	च	म	◌ा	न	र	श	ख
च	◌ि	त	◌्	र	च	न	◌ा	◌ू	स	ब	◌ि	इ	इ
◌ि	ल	ल	ट	व	ट	र	ब	र	◌्	ल	प	ब	च
त	◌्	ष	◌ै	फ	◌ी	फ	व	◌्	त	र	◌्	ए	◌ि
◌्	म	ढ	◌ं	त	ट	र	ण	त	◌ु	च	र	द	त
र	◌ो	आ	स	फ	इ	द	आ	◌ि	क	न	◌े	म	◌्
क	म	ह	◌ि	प	ट	उ	ल	क	ल	◌ा	क	◌ा	र
◌ा	◌ि	प	ल	ऊ	◌े	ल	ण	ल	◌ा	त	◌्	फ	फ
र	ट	ल	ए	भ	ढ	◌ं	ड	◌ा	उ	◌्	ष	ड	ल
◌ी	◌्	च	ए	घ	ट	ञ	स	ण	ञ	म	◌्	ढ	क
व	ट	व	◌ा	त	ब	उ	ष	◌ि	क	क	य	थ	◌ृ
भ	◌ी	र	व	क	थ	ण	ठ	ष	ल	त	ग	ड	त
व	◌ा	र	◌्	न	◌ि	श	ण	प	म	◌ा	भ	द	◌ि

वास्तुकला
मिट्टी
कलाकार
कृति
चित्रफलक
मोम
रचना
चाक
पेंसिल
रचनात्मकता
फिल्म
चित्रकारी
परिप्रेक्ष्य
तस्वीर
स्टैंसिल
चित्र
मूर्तिकला
कलम
वार्निश

33 - Méditation

ष	स	प	ल	ञ	ण	आ	उ	आ	ख	क	व	प	ल
ग	◌्	उ	व	ठ	उ	ह	ठ	आ	थ	◌ृ	स	◌्	ञ
उ	व	ट	च	श	ज	ऊ	ऊ	द	र	त	◌ं	र	प
इ	◌ौ	उ	द	य	◌ा	ल	◌ु	त	◌ा	ज	ग	क	र
स	क	ड	आ	ख	ग	◌ं	ठ	◌े	ण	◌्	◌ी	◌ृ	◌ि
श	◌ृ	द	स	ध	ध	ञ	त	◌ं	अ	ञ	त	त	प
◌्	त	य	न	◌्	ग	त	◌ि	स	व	त	भ	◌ि	◌्
व	◌ि	◌ा	आ	र	प	ड	ढ	च	ल	◌ा	◌ा	ख	र
◌ा	ष	घ	ड	उ	च	ष	ग	ण	◌ो	र	व	ठ	◌े
स	श	ग	त	घ	ख	ड	◌्	च	क	त	न	आ	क
थ	म	◌ा	न	स	◌ि	क	ञ	ट	न	ए	◌ा	श	◌्
आ	◌ौ	श	◌ं	ध	◌्	य	◌ा	न	त	न	ए	आ	ष
ऊ	न	थ	व	त	ए	उ	ण	प	ब	◌ा	◌ँ	ठ	◌्
द	ड	घ	ख	छ	◌ि	इ	थ	ऊ	फ	घ	ष	म	य

स्वीकृति
ध्यान
शांत
स्पष्टता
दया
भावनाएँ
जाग
दयालुता
कृतज्ञता
आदतें
मानसिक
गति
संगीत
प्रकृति
अवलोकन
शांति
परिप्रेक्ष्य
आसन
श्वास
मौन

34 - Littérature

श	त	◌ा	ल	क	◌ा	व	◌्	य	◌ा	त	◌्	म	क
त	◌ु	ल	न	◌ा	ट	र	ख	ए	ट	ष	घ	प	इ
य	क	फ	ढ	ण	श	र	◌ू	प	क	त	ह	ख	व
क	◌ि	स	◌्	स	◌ा	क	व	◌ि	त	◌ा	क	ध	उ
उ	प	ल	◌े	ख	क	व	◌ि	ठ	त	स	थ	व	ठ
प	ज	थ	श	छ	ञ	श	ष	भ	ब	ड	◌ा	ण	च
न	घ	◌ी	उ	छ	भ	ग	य	ख	स	◌ं	व	◌ा	द
◌्	ण	ए	व	◌ि	श	◌्	ल	◌े	ष	ण	◌ा	ट	स
य	च	प	ड	न	व	◌ि	व	र	ण	उ	च	ट	श
◌ा	छ	ढ	ऊ	च	◌ी	म	य	म	न	थ	क	ऊ	◌ै
स	म	◌ा	न	त	◌ा	ग	च	क	छ	च	घ	ट	ल
न	◌ि	ष	◌्	क	र	◌्	ष	थ	न	च	म	आ	◌ी
त	◌्	र	◌ा	स	द	◌ी	प	◌ा	स	ए	प	आ	ध
ड	श	छ	आ	द	न	इ	इ	ए	र	द	ठ	ब	ठ

समानता
विश्लेषण
किस्सा
लेखक
जीवनी
तुलना
निष्कर्ष
विवरण
संवाद
कथा
रूपक
कथावाचक
कविता
काव्यात्मक
तुक
उपन्यास
ताल
शैली
विषय
त्रासदी

35 - Nourriture #1

क	श	ठ	ट	◌ू	न	◌ा	व	द	थ	ध	ट	म	ष
◌ॉ	फ	इ	स	◌ू	प	◌ा	ब	व	घ	ढ	ल	◌ा	ञ
फ	उ	श	ट	ल	ण	भ	श	ख	ट	ह	फ	◌ं	द
◌़	ड	ट	फ	द	◌ा	स	स	प	◌ा	ल	क	स	◌ू
◌ी	ल	ह	स	◌ु	न	द	◌्	आ	◌ा	स	भ	ज	ध
श	न	ष	श	उ	ग	उ	ट	र	स	त	च	◌ौ	द
ल	◌ी	र	ग	छ	स	ढ	◌्	ए	ब	◌ु	◌ी	श	◌ा
ज	◌ं	श	ट	ऊ	ध	श	र	ग	न	ल	न	छ	ल
म	ब	व	म	थ	फ	द	◌ॉ	ए	म	स	◌ी	ष	च
भ	◌ू	उ	प	न	थ	ध	ब	घ	क	◌ी	च	ध	◌ी
म	ख	ऊ	ग	◌्	र	म	◌े	प	र	घ	य	त	न
च	भ	ञ	ढ	य	य	ट	र	आ	न	ष	ख	ख	◌ी
ड	ब	भ	य	न	इ	◌ा	◌ी	ख	उ	घ	स	व	च
ग	ब	र	श	घ	ग	◌ा	ज	र	ड	उ	ड	व	र

लहसुन
तुलसी
कॉफ़ी
दालचीनी
गाजर
नींबू
पालक
स्ट्रॉबेरी
रस
दूध

शलजम
प्याज
जौ
नाशपाती
सलाद
नमक
सूप
चीनी
टूना
मांस

36 - Jours et Mois

अ	क	◌्	ट	◌ू	ब	र	ज	◌ू	न	उ	द	ग	न
श	◌ु	क	◌्	र	व	◌ा	र	आ	भ	ए	य	स	च
ह	म	ह	◌ो	न	◌ा	ध	ड	र	य	ख	ठ	ए	ट
छ	ज	◌ा	अ	प	◌्	र	◌ै	ल	व	ड	ढ	म	च
फ	न	स	र	ख	र	स	ज	श	न	◌ि	व	◌ा	र
र	व	ठ	◌ो	◌्	म	इ	◌ु	त	अ	म	व	ब	ड
व	र	श	थ	म	च	घ	ल	न	ग	◌ं	स	◌ा	ऊ
र	◌ी	ग	च	इ	व	ब	◌ा	ब	स	ग	◌ि	क	र
◌ी	ष	ग	ऊ	ष	थ	◌ा	ई	◌ु	◌्	ल	त	◌ै	न
ग	◌ु	र	◌ू	व	◌ा	र	र	ध	त	व	◌ं	ल	व
ढ	ध	म	ठ	र	थ	थ	छ	व	च	◌ा	ब	◌े	ह
व	ए	ऊ	स	इ	ढ	ण	छ	◌ा	ण	र	र	◌ं	च
स	प	◌्	त	◌ा	ह	ह	न	र	ए	ए	त	ड	उ
न	व	◌ं	ब	र	ढ	थ	च	ट	उ	च	ख	र	भ

अगस्त
अप्रैल
कैलेंडर
रविवार
फरवरी
जनवरी
गुरूवार
जुलाई
जून
सोमवार
मंगलवार
मार्च
बुधवार
महीना
नवंबर
अक्टूबर
शनिवार
सप्ताह
सितंबर
शुक्रवार

37 - Championnat

स	ऊ	र	न	ऊ	क	ग	आ	ट	उ	छ	प	फ	ष
भ	ह	ण	थ	◌्	उ	◌ो	ल	◌ू	त	छ	द	य	ख
ह	ध	न	ठ	व	य	थ	च	र	ध	म	क	उ	श
च	च	◌ी	ए	ि◌	त	◌ा	प	◌्	इ	ण	ढ	इ	घ
◌ै	◌ै	त	ण	ज	य	फ	य	न	ध	ए	न	ट	स
◌ं	म	ि◌	ग	य	प	भ	थ	◌ा	प	ऊ	ऊ	म	ए
प	◌्	र	◌े	र	ण	◌ा	स	म	ध	म	ठ	ख	ट
ि◌	प	ए	इ	च	इ	इ	स	◌े	व	◌ी	ठ	ऊ	प
य	ि◌	ल	ल	ठ	छ	ढ	घ	◌ं	म	ह	श	श	स
न	य	ण	फ	न	ठ	ष	ख	ट	भ	ऊ	ञ	ध	◌ी
व	न	ण	◌ा	ख	प	◌्	र	द	र	◌्	श	न	न
ध	श	श	इ	◌े	घ	ट	◌ी	म	य	ख	ब	थ	◌ा
ठ	ि◌	न	न	ल	◌ी	ग	ह	स	फ	ड	य	ढ	इ
ब	प	ह	ल	ट	ख	ढ	ड	ऊ	व	च	छ	ल	न

चौंपेयन
चैम्पियनशिप
सहन
कोच
टीम
फाइनल
खेल
न्यायाधीश
लीग
पदक
प्रेरणा
प्रदर्शन
रणनीति
टूर्नामेंट
पसीना
विजय

38 - Pirates

स	द	◌ं	त	क	थ	◌ा	म	न	झ	ध	व	ष	त
◌ो	◌ि	म	च	ग	इ	ट	ण	◌ि	◌ं	थ	ठ	उ	द
न	ख	क	◌्	र	◌ू	आ	उ	श	ड	ऊ	ग	व	उ
◌ा	म	प	◌्	ध	त	◌ो	त	◌ा	◌ा	द	ल	घ	ट
थ	च	◌्	त	क	ए	व	ख	न	द	◌्	व	◌ी	प
ण	च	त	ल	य	◌े	स	श	त	थ	उ	ब	ट	ग
ण	ख	◌ा	व	ठ	ठ	स	ञ	ख	ज	◌ा	न	◌ा	स
च	म	न	◌ा	ञ	व	ड	म	फ	भ	ञ	क	न	ठ
ल	◌ं	ग	र	ख	ऊ	स	ड	◌ु	ख	य	◌्	उ	छ
ख	व	ब	◌ु	ध	स	◌ा	ग	र	द	भ	श	म	इ
त	त	म	फ	फ	य	ह	म	म	ट	◌्	◌ा	व	श
र	ञ	श	च	ञ	◌ा	स	ढ	व	य	स	र	स	आ
◌ा	इ	ड	ल	ख	ण	◌ि	प	ठ	आ	व	ग	त	ण
ब	◌ु	र	◌ा	य	ठ	क	ठ	ञ	आ	ऊ	ण	ह	ट

लंगर
साहसिक
कप्तान
नक्शा
निशान
खतरा
झंडा
तलवार
क्रू
गुफा
द्वीप
दंतकथा
बुरा
सागर
सोना
तोता
सिक्के
समुद्र तट
रम
खजाना

39 - Activités

श	ग	त	◌ि	व	◌ि	ध	◌ि	थ	स	म	आ	म	च
न	◌ि	म	ट	द	च	घ	ध	आ	ब	ग	न	छ	◌ि
◌ृ	ध	ल	य	ऊ	फ	स	◌ि	ल	◌ा	ई	◌ं	ल	त
त	ष	ड	◌्	ए	◌ो	र	ब	फ	ग	ड	द	◌ी	◌्
◌्	थ	घ	ड	प	ट	श	र	ख	व	◌े	ह	प	र
य	क	◌ौ	श	ल	◌ो	उ	ग	भ	◌ा	र	◌ि	क	क
इ	ष	थ	ख	आ	ग	ए	ड	ष	न	◌ा	त	ड	◌ा
ग	स	य	भ	आ	◌्	ज	ड	छ	◌ी	ड	◌ो	◌़	र
ख	च	ढ	उ	छ	र	द	◌ा	म	त	◌ा	◌ं	न	◌ी
ट	◌े	अ	व	क	◌ा	श	त	द	ष	ल	प	◌े	ग
व	द	ल	ए	ल	फ	ड	घ	ण	◌ू	न	ढ	न	त
छ	घ	ड	ढ	◌ा	◌ी	भ	त	आ	य	◌ा	◌़	थ	ब
व	◌ि	श	◌्	र	◌ा	म	ध	ण	ब	◌ु	न	◌ा	ई
श	◌ि	क	◌ा	र	क	र	न	◌ा	म	इ	◌ा	उ	व

गातोवोध
कला
शिल्प
डेरा डालना
शिकार करना
कौशल
सिलाई
नृत्य
हितों
बागवानी
खेल
पढ़ना
अवकाश
जादू
चित्रकारी
मछली पकड़ने
फोटोग्राफी
आनंद
विश्राम
बुनाई

40 - Fleurs

प	◌ो	स	◌्	त	◌ा	च	आ	ढ	आ	र	र	आ	स
ख	ध	ण	च	छ	त	प	न	र	फ	भ	फ	ण	◌ू
व	प	ड	म	न	ठ	र	न	छ	◌्	ख	थ	आ	र
प	◌्	ट	◌े	घ	श	◌ा	◌्	ब	ल	क	ह	ड	ज
त	ल	◌ि	ल	◌ी	द	स	द	ड	थ	ग	◌ि	ड	म
◌्	◌ू	थ	◌ी	ड	आ	◌ी	फ	ए	स	◌ु	ब	ड	◌ु
त	म	◌ै	ग	न	◌ो	ल	◌ि	य	◌ा	ल	◌ि	◌े	ख
◌ी	◌े	ट	◌ु	◌्	ल	◌ै	ए	श	स	द	स	ज	◌ी
श	र	◌्	ल	ड	फ	व	व	ए	ट	स	◌्	◌़	श
म	◌ि	य	◌ा	◌े	प	◌े	थ	इ	ञ	◌्	क	◌ी	ख
य	य	◌ू	ब	ल	आ	◌ं	ग	ट	श	त	◌ु	भ	ड
च	◌ा	ल	ञ	◌ि	म	ड	म	र	छ	◌ा	स	ए	ञ
ल	र	◌ि	ख	अ	ग	र	ऊ	व	भ	ह	त	च	ए
ग	ड	प	ए	न	ष	ढ	छ	थ	इ	ब	ञ	फ	ढ

गुलदस्ता
हिबिस्कुस
चमेली
लैवेंडर
लिली
मैगनोलिया
डेज़ी
आर्किड
पोस्ता
पत्ती
डन्डेलिअन
चपरासी
प्लूमेरिया
गुलाब
सूरजमुखी
आनन्द
ट्यूलिप

41 - Nourriture #2

र	थ	ठ	छ	उ	च	ब	ए	ठ	त	ख	त	अ	ध
ड	◌ो	प	र	ण	उ	◌ै	ल	ब	च	उ	द	ज	आ
ष	ध	ट	छ	थ	अ	◌ं	ड	◌ा	आ	ण	च	व	ड
ड	ह	म	◌ी	आ	◌ं	ग	च	द	क	स	◌ॉ	◌ा	छ
ऊ	प	◌ा	ष	ल	ग	न	◌ि	◌ा	ह	◌े	क	इ	म
ए	ब	ट	ठ	प	◌ू	भ	क	म	◌ै	ब	ल	न	न
ञ	आ	र	आ	ण	र	ञ	न	आ	म	उ	◌े	◌ा	ञ
त	द	घ	म	ट	ड	ष	ग	घ	स	र	ट	ष	ए
ब	◌ृ	र	◌ो	क	◌ो	ल	◌ी	ए	च	छ	म	स	ल
ग	◌े	ह	◌ू	◌ॅ	ग	य	फ	ख	◌ा	◌े	श	म	ष
म	छ	ल	◌ी	घ	र	ण	ह	ध	व	भ	र	क	म
भ	ण	छ	ड	द	व	फ	स	त	ल	आ	◌ू	◌ी	ख
च	ध	भ	इ	आ	थ	ट	फ	ए	छ	ण	म	व	फ
ड	द	ष	ण	ञ	ध	द	आ	स	ल	ह	ठ	◌ी	य

बादाम
बैंगन
केला
गेहूँ
ब्रोकोली
चेरी
अजवाइन
मशरूम
चॉकलेट
हैम
कीवी
आम
अंडा
रोटी
मछली
सेब
चिकन
अंगूर
चावल
टमाटर

42 - Océan

उ	च	ग	ख	इ	छ	ख	व	ध	ग	स	म	ऑ	ष
इ	ह	ट	न	ञ	ण	फ	छ	ण	द	ए	न	क	ख
ण	ड	ब	ट	त	ए	म	व	ऊ	ढ	ण	ज	◌्	च
च	इ	◌ॉ	आ	ठ	च	ट	◌्	ट	◌ा	न	◌्	ट	ड
त	ठ	घ	ल	फ	व	ष	ह	उ	ह	ख	व	◌ो	छ
ख	ल	ष	ञ	◌्	ऊ	ष	◌े	न	व	च	◌ा	प	च
ल	ह	र	◌े	◌ं	फ	स	ल	◌ा	ऊ	ष	र	स	त
म	छ	ल	◌ी	व	स	◌ि	क	व	न	य	ट	ध	झ
क	ए	ट	त	द	◌ी	◌्	न	◌े	म	आ	◌ं	ध	◌ी
छ	प	थ	श	ख	प	य	प	थ	क	स	प	ड	◌ं
◌ु	इ	त	◌ै	ट	◌ू	न	◌ा	◌ं	ए	ड	घ	ढ	ग
आ	ब	ध	व	न	स	भ	ब	र	ज	ख	◌़	प	◌ा
ल	र	म	◌ा	भ	ण	र	ण	म	◌ू	◌ं	ग	◌ा	स
ण	ज	◌े	ल	◌ि	फ	◌़	◌ि	श	◌ा	र	◌्	क	च

शैवाल
क्वेल
नाव
मूंगा
केंकड़ा
झींगा
डॉल्फिन
स्पंज
सीप
ज्वार
जेलीफ़िश
मछली
ऑक्टोपस
शार्क
चट्टान
नमक
आंधी
टूना
कछुआ
लहरें

43 - Remplir

ञ	ण	फ	ट	ल	थ	न	म	च	ट	◌ो	क	र	◌ा
द	च	इ	◌ू	आ	ञ	ञ	ग	ण	ब	फ	प	ठ	स
थ	न	ह	ण	ल	ह	ट	ऊ	ट	छ	छ	◌ै	त	◌ू
ढ	ध	ब	ष	द	द	फ	द	व	ञ	उ	क	छ	ट
ल	भ	ल	ष	ब	फ	◌ा	ए	च	द	ज	◌े	ब	क
ट	छ	छ	ञ	◌ॉ	क	◌़	न	ड	घ	◌ा	ट	◌ी	◌े
ट	◌्	र	◌े	क	◌ा	ट	◌ो	क	र	◌ी	◌्	ब	स
ञ	ड	थ	ब	◌्	र	र	ल	ल	च	ग	य	◌ो	च
फ	ण	◌ै	◌ा	स	◌्	ठ	न	◌ि	◌्	थ	◌ू	त	ड
न	ठ	ल	ल	ख	ट	छ	ब	फ	इ	ड	ब	ल	फ
ड	ब	◌ा	◌्	त	न	ष	फ	◌ा	भ	प	र	इ	भ
ध	ञ	आ	ट	द	र	◌ा	ज	फ	स	ब	◌ै	र	ल
ञ	ब	ढ	◌ी	प	प	म	त	◌ा	ष	ड	स	ट	फ
ट	आ	उ	य	त	थ	ए	ष	य	ञ	ब	ध	छ	आ

टब
बैरल
घाटी
बॉक्स
बोतल
टोकरा
कार्टन
फ़ोल्डर
लिफाफा
टोकरी
पैकेट
ट्रे
जेब
थैला
बाल्टी
दराज
ट्यूब
सूटकेस
फूलदान

44 - Ballet

र	ऑ	र	◌्	क	◌ै	स	◌्	ट	◌्	र	◌ा	त	न
◌ि	ड	र	आ	प	त	◌ू	न	प	त	छ	त	◌ी	◌ृ
ह	घ	च	ल	स	ऊ	च	छ	ध	ट	द	क	व	त
र	व	द	र	◌्	श	क	आ	च	ड	व	न	◌्	◌्
◌्	व	◌ा	स	◌ं	ग	◌ी	त	क	◌ा	र	◌ी	र	य
स	ञ	स	ह	र	म	उ	व	इ	ह	ख	क	त	क
ल	त	◌ं	व	व	ल	ख	द	श	छ	उ	त	◌ा	ल
इ	च	ग	ब	ल	◌ा	क	ल	◌ा	त	◌्	म	क	◌ा
ए	ऊ	◌ी	श	ष	भ	ह	◌ौ	ह	ब	म	ष	ड	न
उ	क	त	स	र	व	ध	◌ी	श	◌ै	ल	◌ी	आ	ल
ष	द	ल	म	श	ठ	य	ल	ड	ल	ब	द	ए	ण
न	र	◌्	त	क	◌ि	य	◌ो	◌ं	◌े	ठ	ण	थ	ग
स	◌ु	◌ं	द	र	ढ	इ	श	◌ा	र	◌ा	थ	ध	स
म	◌ा	◌ं	स	प	◌े	श	◌ि	य	◌ो	◌ं	छ	ब	र

वाहवाही
कलात्मक
बैले
नृत्यकला
कौशल
संगीतकार
नर्तकियों
सूचक
इशारा
सुंदर
तीव्रता
मांसपेशियों
संगीत
ऑर्केस्ट्रा
दर्शक
रिहर्सल
ताल
एकल
शैली
तकनीक

45 - Fruit

ठ	अ	न	ह	ध	अ	ञ	स	ठ	न	ह	क	श	व
उ	म	ख	ल	आ	◌ं	ञ	न	द	व	र	◌े	फ	ए
त	र	ब	◌ू	ज	ज	ख	आ	प	ट	ढ	ल	◌़	य
ब	◌ू	च	◌े	र	◌ी	न	ऊ	प	आ	इ	◌ा	त	उ
म	द	र	स	भ	र	◌ी	थ	◌ी	र	ड	घ	◌ा	ए
अ	न	न	◌ृ	न	◌ा	स	छ	त	द	इ	◌़	ल	व
ब	◌े	र	◌ी	◌ा	अ	ल	◌े	◌ा	उ	व	क	◌ू	◌ो
ष	म	ल	न	श	◌ं	ख	◌ु	ब	◌ा	न	◌ी	ण	क
स	य	ञ	घ	प	ग	भ	भ	स	द	ख	व	ठ	◌ा
म	थ	ए	उ	◌ा	◌ू	द	ख	ए	ह	घ	◌ी	भ	ड
भ	म	प	ल	त	र	ख	ह	श	प	व	ल	ल	◌ो
छ	व	घ	ष	◌ी	व	न	ध	थ	आ	ए	आ	य	इ
न	◌ा	र	◌ं	ग	◌ी	ऊ	र	ढ	ष	म	ख	न	ढ
न	◌ी	◌ं	ब	◌ू	घ	उ	श	छ	ञ	प	त	ण	प

खुबानी
अनन्नास
एवोकाडो
बेरी
केला
चेरी
नींबू
अंजीर
रसभरी
अमरूद
कीवी
आम
तरबूज
शफ़तालू
नारंगी
पपीता
आड़
नाशपाती
सेब
अंगूर

46 - Surf

त	द	ड	च	र	म	◌ौ	स	म	म	ज	◌़	◌ा	आ
ठ	थ	श	◌ै	ल	◌ी	च	ए	ट	श	ह	ष	फ	ष
म	ख	◌ु	◌ं	ऊ	ट	स	ए	ल	ष	भ	श	य	ड
ठ	ञ	र	प	म	इ	र	श	◌ो	भ	ध	ह	स	च
घ	ष	◌ु	◌ि	न	च	च	त	क	ग	ल	ऊ	ध	इ
ट	ए	आ	य	म	भ	इ	ट	प	इ	ख	ख	ट	उ
ण	ण	त	न	ब	ञ	थ	ञ	◌्	न	ड	ञ	उ	ढ
त	व	च	फ	◌ो	म	ग	ढ	र	ट	ल	व	य	थ
त	ष	र	स	◌ा	ग	र	ख	◌ि	ल	◌ा	ड	◌़	◌ी
ढ	◌ा	म	प	म	त	छ	ह	य	व	ञ	न	ठ	ब
ढ	श	क	ढ	न	◌ि	ऊ	ख	त	ल	च	न	प	व
ण	त	ऊ	त	प	व	म	घ	च	ल	ह	द	ढ	त
फ	स	म	◌ु	द	◌्	र	त	ट	ह	ध	र	छ	ब
व	ख	भ	◌ौ	ड	◌़	घ	ञ	प	स	प	◌े	ट	श

मज़ा
खिलाड़ी
चैंपियन
शुरुआत
पेट
चरम
ताकत
भीड़
मौसम
फोम
सागर
समुद्र तट
लोकप्रिय
चट्टान
शैली
लहर
गति

47 - Technologie

थ	छ	र	ब	आ	उ	ब	र	व	◌ा	इ	र	स	ट
म	ह	य	◌्	भ	ब	अ	ढ	ड	प	ब	ह	◌ॉ	र
स	ब	ऊ	ल	◌ा	◌ा	न	स	◌ं	द	◌े	श	फ	इ
◌ं	◌्	ड	◌ॉ	स	इ	◌ु	◌ा	फ	◌़	◌ॉ	न	◌्	ट
ग	र	क	ग	◌ी	ट	स	◌ं	क	घ	ठ	व	ट	प
ण	◌ा	◌ै	◌्	ह	◌्	◌ं	ख	फ	र	स	य	व	◌्
क	उ	म	उ	र	स	ध	◌्	◌़	प	◌्	च	◌े	र
उ	ज	र	आ	फ	◌ी	◌ा	य	◌ा	घ	ए	स	य	द
ख	◌़	◌ा	उ	उ	ढ	न	◌ि	इ	ख	ग	ए	र	र
ग	र	आ	प	ग	य	थ	क	ल	ढ	घ	व	ढ	◌्
इ	◌ं	ट	र	न	◌े	ट	◌ी	ञ	ह	घ	ए	ध	श
स	◌ु	र	क	◌्	ष	◌ा	ड	◌ि	ज	◌ि	ट	ल	न
भ	ठ	ब	श	ण	भ	व	फ	ऊ	घ	ण	न	ए	ष
घ	ह	द	इ	न	घ	म	उ	ह	म	ड	◌े	ट	◌ा

प्रदर्शन
ब्लॉग
कैमरा
कर्सर
डेटा
स्क्रीन
फ़ाइल
इंटरनेट
सॉफ्टवेयर
संदेश
ब्राउज़र
डिजिटल
बाइट्स
संगणक
फ़ॉन्ट
अनुसंधान
सुरक्षा
सांख्यिकी
आभासी
वाइरस

48 - Comédie

प	ए	र	च	र	व	द	छ	न	इ	ह	अ	ठ	व
थ	◌ि	ए	ट	र	प	◌ै	र	◌ो	ड	◌ी	भ	ट	उ
श	◌ै	ल	◌ी	त	ह	◌ा	स	◌्	य	प	◌ि	◌े	इ
छ	न	ढ	व	ख	ण	ए	ष	ध	श	आ	न	ल	ढ
ध	ठ	ढ	च	◌ु	ट	क	◌ु	ल	◌े	क	◌े	◌ी	ठ
स	व	श	भ	अ	भ	◌ि	न	◌े	त	◌ा	त	व	च
व	◌ा	ल	ठ	भ	घ	ट	उ	ध	ग	म	◌्	◌ि	छ
ध	ह	ण	य	इ	य	च	ठ	व	व	च	र	ज	ए
आ	व	◌ॅ	ग	छ	ड	म	ज	◌़	◌ा	ल	◌ी	न	फ
छ	◌ा	श	स	श	त	स	◌ो	न	उ	◌ा	ए	ण	म
द	ह	फ	छ	◌ी	भ	स	क	ष	उ	ऊ	स	ए	श
ग	◌ी	भ	च	य	ब	◌ू	र	य	ग	आ	म	ठ	स
व	ण	उ	च	य	ञ	च	त	◌ु	र	य	व	श	ल
प	ठ	आ	य	ठ	स	क	ख	च	ट	न	ए	ध	व

अभिनेता
अभिनेत्री
मज़ा
वाहवाही
चुटकुले
जोकर
सूचक
शैली
हास्य
कामचलाऊ
चतुर
पैरोडी
दर्शक
हँसी
टेलीविजन
थिएटर

49 - Météo

उ	ब	ा	द	ल	थ	आ	ह	ग	उ	त	थ	ड	ल
फ	ष	ा	ए	र	स	ं	ध	्	र	ु	व	ी	य
उ	उ	्	ढ	घ	ू	ध	र	च	ड	ज	छ	ज	य
व	थ	ब	ण	़	ख	ी	त	ू	फ	ा	न	ल	आ
म	ठ	ऊ	आ	क	ा	श	ा	ं	त	घ	म	व	थ
ष	ऊ	घ	न	ष	ट	न	व	क	ो	ह	र	ा	ढ
म	ा	न	स	ू	न	ि	च	ब	र	फ	म	य	ह
ट	ञ	प	प	इ	ब	ड	ब	च	छ	प	ट	ु	ढ
त	ऊ	ट	म	ठ	ध	व	न	ं	छ	आ	व	ए	ञ
ब	र	्	फ	इ	ं	द	्	र	ध	न	ु	ष	द
त	ा	प	म	ा	न	ण	द	ग	ढ	ी	म	भ	भ
व	ा	य	ु	म	ं	ड	ल	प	ल	आ	य	ए	ब
म	श	ब	व	ं	ड	र	ण	ब	ह	ख	ए	ड	र
ध	श	ञ	ढ	व	द	व	ध	उ	ह	व	ा	थ	छ

इंद्रधनुष
वायुमंडल
कोहरा
शांत
आकाश
जलवायु
बर्फ
नम
बाढ़
मानसून
बादल
तूफान
ध्रुवीय
सूखा
तापमान
आंधी
गरज
बवंडर
उष्णकटिबंधीय
हवा

50 - Châteaux

ब	य	व	ल	श	भ	स	श	ऊ	क	इ	ख	ष	उ
म	घ	द	व	म	ह	◌ा	न	ठ	व	थ	थ	र	ण
ह	श	इ	ढ	ख	न	म	त	ऊ	च	ए	ष	◌ा	न
ल	ग	◌े	◌ं	ड	◌ा	◌ं	ए	क	◌ि	ल	◌े	ज	ढ
ड	त	र	म	र	द	त	◌ा	ज	ए	व	र	क	च
घ	◌ो	ड	◌़	◌ा	स	◌ी	ख	◌ा	ई	ए	ध	◌ु	स
ग	न	थ	फ	ज	त	ल	व	◌ा	र	स	ण	म	◌ा
प	◌ु	थ	ब	व	श	ल	व	◌ा	छ	ड	ष	◌ा	म
ठ	ऊ	ल	घ	◌ं	ड	◌ू	प	ठ	र	आ	उ	र	◌्
ष	भ	आ	◌े	श	इ	स	र	अ	ज	ग	र	◌ी	र
न	र	भ	उ	ल	स	ध	छ	व	आ	छ	ह	स	◌ा
र	◌ा	ज	क	◌ु	म	◌ा	र	म	◌ी	न	◌ा	र	ज
य	ल	ह	घ	उ	ष	ह	उ	थ	य	र	छ	ञ	◌्
न	त	ठ	भ	ट	प	ख	ध	ऊ	ञ	ध	ड	उ	य

कवच
गुलेल
घोड़ा
शूरवीर
ताज
अजगर
राजवंश
साम्राज्य
तलवार
सामंती
किले
खाई
गेंडा
दीवार
महान
महल
राजकुमार
राजकुमारी
मीनार

51 - Randonnée

स	र	च	व	स	ड	ब	ठ	ञ	घ	आ	ष	ण	ण
◌ू	ख	ट	द	थ	◌े	स	ण	ण	र	घ	च	र	घ
र	त	◌्	फ	क	र	र	म	प	◌ा	र	◌्	क	ढ
◌्	ग	ट	य	ग	◌ा	फ	ज	◌ू	त	◌े	ए	ऊ	म
य	ट	◌ा	ग	य	ड	ल	◌ं	द	◌ै	◌्	च	प	◌ौ
ञ	ल	न	इ	◌ा	◌ा	व	ग	त	य	ढ	थ	◌्	स
ञ	ए	ख	म	ड	ल	ड	ल	ड	◌ा	श	घ	र	म
न	क	◌्	श	◌ा	न	प	◌ी	न	र	ल	ख	क	ह
ल	छ	ध	ब	द	◌ा	न	न	आ	◌ी	म	इ	◌ृ	ण
ब	ष	प	ह	◌ा	ड	◌़	म	ञ	य	ण	आ	त	व
ण	ढ	◌ा	ज	ल	व	◌ा	य	◌ु	ल	ए	आ	◌ि	ट
ग	ड	न	म	फ	ल	ज	◌ा	न	व	र	◌ो	◌ं	इ
ष	ठ	◌ी	भ	◌ा	र	◌ी	ब	ग	ध	ड	ब	स	ठ
अ	भ	◌ि	व	◌ि	न	◌्	य	◌ा	स	भ	ग	इ	न

जानवरों
जूते
डेरा डालना
नक्शा
जलवायु
पानी
चट्टान
थक गया
गाइड
भारी
मौसम
पहाड़
प्रकृति
अभिविन्यास
पार्क
पत्थर
तैयारी
जंगली
सूर्य

52 - Meubles

ह	थ	आ	थ	इ	ब	ढ	ऊ	आ	य	ल	द	ब	य
ऊ	भ	फ	ए	ड	ट	◌े	प	र	◌्	द	◌े	ि◌	ब
ण	फ	ट	ख	◌े	स	द	◌ं	त	य	ण	छ	स	व
क	◌ु	र	◌्	स	◌ी	र	◌ी	च	भ	च	द	◌्	ध
र	ट	इ	प	◌्	आ	◌्	श	प	व	च	व	त	ढ
श	न	च	अ	क	प	प	ब	च	क	फ	ण	र	ख
झ	ढ	प	ल	◌ु	न	ण	ढ	ग	ल	◌ी	च	◌ा	ञ
◌ू	ग	द	म	श	थ	घ	न	द	ध	च	फ	ड	श
ल	थ	व	◌ा	न	श	इ	फ	◌्	ल	च	ठ	व	छ
◌ा	ड	◌्	र	◌े	स	र	र	द	ऊ	ल	म	फ	ड
न	स	आ	ि◌	ल	थ	म	ब	◌ा	ल	स	इ	ठ	उ
द	ठ	ड	य	घ	त	त	क	ि◌	य	◌ा	◌ो	न	थ
ब	य	थ	◌ो	ठ	न	च	य	द	र	न	घ	फ	त
ट	आ	च	◌ं	व	थ	आ	ऊ	ए	छ	आ	आ	र	◌ा

बेंच
डेस्क
सोफा
कुर्सी
ड्रेसर
कुशन
अलमारियों
फुटन

झूला
दीपक
बिस्तर
गद्दा
दर्पण
तकिया
पर्दे
गलीचा

53 - Art

र	आ	श	व	◌्	य	क	◌्	त	◌ि	ग	त	य	च
क	च	ष	ग	ड	ग	च	आ	य	ल	ड	म	च	भ
ई	व	न	न	ल	घ	स	◌ि	घ	ण	स	◌ू	य	ए
म	त	◌ि	◌ा	म	◌ू	र	◌्	त	◌ि	क	ल	◌ा	श
◌ा	उ	छ	त	द	ब	ल	त	प	◌्	र	त	◌ी	क
न	ख	ब	न	◌ा	न	◌ा	इ	श	ख	र	छ	त	प
द	च	ध	म	न	◌ो	द	श	◌ा	ज	ट	◌ि	ल	◌्
◌ा	द	◌ृ	श	◌्	य	स	स	श	ह	ल	श	त	र
र	ध	उ	त	ह	ख	◌ि	स	ध	ह	य	ब	ण	◌े
अ	त	◌ि	य	थ	◌ा	र	◌्	थ	व	◌ा	द	ठ	र
व	न	इ	ट	त	ह	◌े	ट	द	स	ञ	ड	उ	◌ि
◌ि	ठ	स	भ	ण	ऊ	म	व	र	ब	च	ब	व	त
ष	भ	ट	ट	अ	भ	◌ि	व	◌्	य	क	◌्	त	◌ि
य	र	ञ	घ	य	द	क	व	ल	ह	फ	न	श	ऊ

सिरेमिक
जटिल
रचना
बनाना
चित्रित
अभिव्यक्ति
ईमानदार
मनोदशा
प्रेरित
मूल
व्यक्तिगत
कविता
मूर्तिकला
सरल
विषय
अतियथार्थवाद
प्रतीक
दृश्य

54 - Nutrition

ल	ञ	ण	च	च	ह	ड	स	ल	घ	घ	श	म	त
प	्	र	ो	ट	ी	न	्	ध	क	व	ज	न	ए
ा	व	व	श	ष	न	इ	व	फ	ड	स	ब	य	म
च	आ	घ	ठ	थ	र	ी	स	ण	़	व	स	छ	भ
न	ह	ड	ग	ख	ा	द	्	य	व	ण	्	भ	ऊ
स	ा	म	ग	्	र	ी	थ	ह	ा	म	व	ू	स
ञ	र	क	ि	ण	्	व	न	आ	स	स	ा	ख	्
त	र	ल	प	द	ा	र	्	थ	ं	ा	द	ञ	व
क	ध	न	श	फ	ठ	स	न	म	त	ल	प	प	ा
ै	न	त	त	ल	ष	उ	आ	द	ु	े	छ	इ	स
ल	व	ि	ट	ा	म	ि	न	न	ल	ग	त	ण	्
ो	ग	ु	ण	व	त	्	त	ा	ि	ए	ब	ए	थ
र	ध	ड	ध	द	ि	श	ड	इ	त	ब	छ	ड	्
ी	घ	छ	ल	स	ढ	ष	भ	छ	घ	प	ष	ए	य

कड़वा
भूख
कैलोरी
खाद्य
आहार
पाचन
मसाले
संतुलित
किण्वन
सामग्री
तरल पदार्थ
वजन
प्रोटीन
गुणवत्ता
स्वस्थ
स्वास्थ्य
चटनी
स्वाद
विष
विटामिन

55 - Science Fiction

श	छ	द	भ	र	ट	प	◌ु	स	◌्	त	क	◌े	◌ं
ल	◌ा	◌ु	स	घ	ल	ग	य	प	र	म	◌ा	ण	◌ु
व	आ	न	ढ	ह	प	ऊ	थ	भ	ध	ट	ट	ठ	भ
उ	क	◌ि	द	य	ह	च	◌ा	म	उ	न	ल	ध	ग
ग	◌ा	य	छ	◌ा	ब	र	र	ह	स	◌्	य	म	य
◌्	श	◌ा	भ	◌्	र	म	◌्	ण	ञ	म	द	ए	ब
र	व	त	ए	घ	स	फ	थ	ध	प	ध	ल	ब	भ
ह	◌ा	र	घ	ध	थ	ट	व	◌ि	स	◌्	फ	◌ो	ट
य	ण	स	◌ि	न	◌े	म	◌ा	च	र	ग	म	थ	फ
ञ	◌ी	ब	उ	आ	ल	आ	द	आ	घ	◌ो	ह	व	छ
थ	आ	च	य	ग	ग	ड	◌ी	र	ट	र	ब	ल	ह
प	◌्	र	◌ौ	द	◌्	य	◌ो	ग	◌ि	क	◌ी	◌ो	ष
प	ऊ	प	र	◌ि	द	◌ृ	श	◌्	य	ल	श	आ	ट
फ	◌्	य	◌ू	च	र	◌ि	स	◌्	ट	◌ि	क	ख	आ

परमाणु
सिनेमा
विस्फोट
चरम
शानदार
आग
फ्यूचरिस्टिक
भ्रम
पुस्तकें

दुनिया
रहस्यमय
आकाशवाणी
ग्रह
यथार्थवादी
रोबोट
परिदृश्य
प्रौद्योगिकी

56 - Vertus #1

क	ब	त	प	थ	भ	स	◌्	व	च	◌्	छ	क	व
◌ु	◌ु	स	◌्	व	त	◌ं	त	◌्	र	ठ	ब	ल	◌्
श	द	उ	थ	न	उ	फ	छ	ढ	ख	ब	म	◌्	य
ल	◌्	इ	द	ढ	व	ब	ल	आ	ह	म	ब	प	◌ा
थ	ध	र	त	◌ा	ए	द	श	क	द	क	न	न	व
ञ	◌ि	ट	◌ो	ण	र	उ	व	र	ख	ल	ह	◌ा	ह
भ	म	ग	र	ग	व	◌ि	श	◌्	व	◌ा	स	श	◌ा
◌ा	◌ा	छ	ख	इ	◌ी	घ	च	ष	म	त	उ	◌ी	र
व	न	अ	च	◌्	छ	◌ा	च	क	◌ा	◌्	प	ल	◌ि
◌ु	ज	◌ि	ज	◌्	ञ	◌ा	स	◌ु	म	म	य	ढ	क
क	न	◌ि	र	◌्	ण	◌ा	य	क	◌ू	क	◌ो	◌ं	द
व	◌ि	श	◌्	व	स	न	◌ी	य	ल	ञ	ग	ग	ध
छ	भ	ड	ह	ण	ए	ब	ष	ठ	◌ी	ग	◌ी	ण	ऊ
ञ	ह	इ	ब	फ	ध	ठ	ष	य	भ	ड	ढ	थ	व

कलात्मक
अच्छा
आकर्षक
विश्वास
जिज्ञासु
निर्णायक
कुशल
विश्वसनीय
उदार
कल्पनाशील

स्वतंत्र
बुद्धिमान
मामूली
भावुक
रोगी
व्यावहारिक
स्वच्छ
ढंग
उपयोगी

57 - Professions #1

म	फ	श	प	न	ल	स	◌ा	ज	◌़	ब	ज	त	भ
न	फ	◌ि	म	◌ि	र	य	त	त	फ	स	◌ौ	उ	◌ू
◌ो	र	क	◌ा	स	य	◌्	च	ण	च	◌ं	ह	छ	व
व	व	◌ा	न	आ	◌ं	◌ा	त	ए	त	ग	र	प	◌ि
◌ै	◌ै	र	च	ञ	ब	प	न	क	न	◌ी	◌ी	इ	ज
ज	ज	◌ी	◌ि	ण	ए	उ	◌ा	◌ो	◌ी	त	छ	म	◌्
◌्	◌्	ध	त	न	र	◌्	स	द	व	क	◌ी	ल	ञ
ञ	ञ	ण	◌्	आ	उ	भ	ऊ	स	क	◌ा	प	ब	◌ा
◌ा	◌ा	आ	र	◌ा	ज	द	◌ू	त	श	र	द	ऊ	न
न	न	य	क	◌ो	च	◌ि	क	◌ि	त	◌्	स	क	◌ी
◌ि	◌ि	फ	◌ा	य	र	फ	◌ा	इ	ट	र	द	ह	ष
क	क	ऊ	र	ब	◌ै	◌ं	क	र	श	उ	उ	घ	प
ख	ग	◌ो	ल	व	◌ि	ज	◌्	ञ	◌ा	न	◌ी	ख	आ
प	श	◌ु	च	◌ि	क	◌ि	त	◌्	स	क	ख	छ	उ

राजदूत
खगोल विज्ञानी
वकील
बैंकर
जौहरी
मानचित्रकार
शिकारी
नर्तकी
कोच
संपादक
भूविज्ञानी
नर्स
चिकित्सक
संगीतकार
पियानोवादक
नलसाज़
फायर फाइटर
मनोवैज्ञानिक
वैज्ञानिक
पशु चिकित्सक

58 - Géologie

ख	ब	थ	न	म	क	◌्	व	◌ा	र	◌्	ट	◌्	ज
न	श	ह	ञ	ग	ह	◌ै	म	उ	ए	व	श	छ	◌ी
◌ि	प	र	त	◌ु	ल	◌ा	ल	भ	भ	ठ	थ	इ	व
ज	छ	घ	घ	फ	◌ा	ए	द	◌्	म	◌ू	◌ं	ग	◌ा
प	ठ	◌ा	र	◌ा	व	ढ	ए	◌्	श	ह	थ	ग	श
र	ए	स	◌ि	ड	◌ा	र	श	ल	व	◌ि	ट	ड	◌्
ज	◌्	व	◌ा	ल	◌ा	म	◌ु	ख	◌ी	◌ी	य	ट	म
ड	ध	थ	प	◌ि	घ	ल	◌ा	ह	◌ु	आ	प	म	च
क	◌्	र	◌ि	स	◌्	ट	ल	ठ	घ	ष	आ	च	क
थ	ट	स	◌्	ट	◌ै	ल	◌े	क	◌्	ट	◌ि	ट	◌्
द	ष	◌ा	भ	न	घ	ठ	क	◌्	ष	◌े	त	◌्	र
ए	य	ह	व	फ	ख	ध	उ	द	ह	श	छ	ह	भ
प	त	◌्	थ	र	ध	य	ष	ष	न	ध	इ	इ	ञ
ग	घ	स	न	फ	त	ड	ल	उ	इ	र	ट	च	ए

एसिड
कैल्शियम
गुफा
महाद्वीप
मूंगा
परत
क्रिस्टल
चक्र
कटाव
पिघला हुआ
जीवाश्म
लावा
खनिज
पत्थर
पठार
क्वार्ट्ज
नमक
स्टैलेक्टिट
ज्वालामुखी
क्षेत्र

59 - Cirque

ब	ड	भ	द	ण	घ	म	श	ण	र	उ	ल	ह	व
फ	ख	ट	◌ि	क	ट	म	◌ा	त	ए	प	थ	स	ए
स	भ	व	ध	ख	य	न	न	ग	ऊ	स	न	च	फ
◌ं	श	न	य	ब	उ	छ	द	◌ो	फ	ऊ	न	च	स
ग	छ	ञ	घ	फ	ट	ण	◌ा	ज	र	ध	ह	च	व
◌ी	◌ु	श	◌े	र	ए	इ	र	◌ो	व	◌ं	इ	त	प
त	◌ं	ब	◌ू	प	र	◌े	ड	क	प	ढ	ज	च	घ
द	ब	द	◌्र	ज	◌ा	न	व	र	◌ो	◌ं	ऊ	न	ऊ
ज	◌ा	द	◌ू	ब	ज	ष	न	श	श	ब	◌ा	घ	व
फ	ज	न	ऊ	ह	◌ा	थ	◌ी	ट	◌ा	◌ं	ट	उ	इ
ह	◌ी	य	इ	ब	द	र	◌्र	श	क	द	फ	ढ	उ
ल	ग	ह	स	ग	◌ू	ब	◌े	य	द	र	श	ण	स
त	र	ऊ	इ	य	ग	प	◌्र	र	द	र	◌्र	श	न
ष	र	ब	त	व	र	न	च	ल	थ	आ	ए	प	च

नट
जानवरों
गुब्बारे
टिकट
जोकर
पोशाक
मनोरंजन
हाथी
बाजीगर
शेर
जादूगर
जादू
प्रदर्शन
संगीत
परेड
बंदर
शानदार
दर्शक
तंबू
बाघ

60 - Jardin

छ	फ	छ	त	ड	थ	ख	उ	थ	श	ब	न	छ	द
य	ल	◌ॉ	न	छ	भ	ढ	ष	स	भ	म	ग	छ	र
ड	◌ो	फ	छ	छ	श	न	ण	व	ग	य	भ	त	य
म	द	ल	व	ष	ष	ग	स	ब	र	◌ा	म	द	◌ा
◌ा	◌्	ञ	ह	ड	ऊ	ब	घ	त	◌े	ञ	स	य	त
त	य	च	ग	◌ै	र	◌े	ज	◌ा	क	म	छ	द	प
म	◌ा	न	ब	फ	प	ल	च	ल	स	ग	ट	त	म
ह	न	ल	ग	◌ा	◌ा	ध	इ	◌ा	प	र	य	ड	फ
य	छ	◌ी	◌ी	ख	ड	व	स	ब	◌े	◌ं	च	ए	त
च	प	ख	च	ढ	ग	◌़	ड	ढ	ड	छ	ण	ए	र
ह	ण	आ	◌ा	ठ	ख	स	ड	◌़	◌़	ल	फ	ष	उ
ख	ख	ह	ट	प	उ	भ	छ	म	◌ा	झ	◌ू	ल	◌ा
ट	◌्	र	◌े	म	◌्	प	◌ो	ल	◌ि	न	ल	ञ	आ
फ	प	ब	◌ु	श	प	च	ञ	ए	ढ	ञ	इ	आ	द

पेड़
बेंच
बुश
बाड़
तालाब
फूल
गैरेज
झूला
घास
बगीचा
मातम
फावड़ा
लॉन
बरामदा
रेक
छत
ट्रेम्पोलिन
नली
फलोद्यान
बेल

61 - Barbecues

र	न	प	च	च	◌ा	क	◌ू	स	◌ं	ग	◌ी	त	फ
◌ा	ए	घ	ट	◌ि	इ	घ	ग	ब	प	द	र	घ	ल
त	र	य	न	ढ	क	त	ग	◌्	र	◌ि	ल	म	द
क	द	ञ	◌ी	ण	व	न	ढ	ज	◌ि	फ	न	◌ि	◌ो
◌ा	व	थ	आ	ह	ख	ब	य	◌ि	व	छ	ड	र	प
ख	ग	ए	ध	ण	ए	च	द	य	◌ा	म	ट	◌्	ह
◌ा	र	ह	इ	व	भ	◌्	म	◌ा	र	इ	ञ	च	र
न	◌्	न	ट	स	◌ू	च	स	◌ं	छ	च	ठ	घ	क
◌ा	म	स	म	घ	ख	◌े	ल	भ	ण	इ	ढ	इ	◌ा
ध	◌ी	व	◌ा	क	श	ण	◌ा	य	प	ट	छ	ठ	भ
फ	उ	प	ट	ब	ध	ण	द	न	ख	व	ग	श	◌ो
ठ	च	छ	र	ब	श	स	ढ	उ	प	◌्	य	◌ा	ज
आ	ट	र	य	र	न	छ	ल	ऊ	ष	ट	उ	ञ	न
च	ध	व	इ	ठ	य	उ	थ	आ	प	इ	इ	म	घ

गरम
चाकू
दोपहर का भोजन
रात का खाना
बच्चे
गर्मी
भूख
परिवार
फल
ग्रिल
खेल
सब्जियां
संगीत
प्याज
मिर्च
चिकन
सलाद
चटनी
नमक
टमाटर

62 - Anniversaire

न	व	द	म	◌ो	म	ब	त	◌्	त	◌ि	य	◌ा	◌ँ
थ	◌ि	ध	◌ि	ऊ	फ	ठ	आ	ऊ	ब	भ	ब	द	क
ए	श	म	ख	न	भ	इ	छ	ब	य	द	◌ु	य	◌ै
म	◌े	ह	◌ं	प	च	ष	आ	य	◌ु	ढ	द	न	ल
म	ष	र	ह	त	उ	त	◌्	स	व	र	◌्	ष	◌े
ज	न	◌्	म	◌्	◌्	ग	◌ी	त	◌ा	ञ	ध	न	◌ं
◌़	फ	ष	ट	त	ग	र	श	न	स	द	◌ि	ख	ड
◌ा	ध	◌ि	आ	◌े	स	ढ	ण	म	उ	भ	ख	य	र
छ	ऊ	त	उ	प	ह	◌ा	र	इ	ह	न	◌ु	त	य
द	◌ो	स	◌्	त	◌ो	◌ं	ध	ए	ब	◌ा	श	च	ञ
ष	म	म	उ	श	श	ट	ढ	क	उ	ए	न	ब	द
आ	च	य	र	ल	ऊ	य	थ	◌े	ष	स	ह	ऊ	न
ञ	इ	ह	श	ए	घ	ब	य	क	ह	ध	न	थ	न
उ	ण	च	प	ग	ञ	थ	थ	ए	श	छ	व	ठ	छ

दोस्तों
मज़ा
वर्ष
मोमबत्तियाँ
उपहार
कैलेंडर
पत्ते
गीत
उत्सव
केक
खुश
निमंत्रण
युवा
दिन
हर्षित
जन्म
बुद्धि
विशेष
महान
समय

63 - Animaux de Compagnie

ख	ण	ढ	ठ	प	ण	ब	ब	क	र	◌ी	उ	क	ष
त	उ	फ	र	व	न	ढ	ए	ि◌	त	आ	छ	छ	ब
ऊ	त	ऊ	आ	त	छ	ट	ट	ए	ल	व	ए	◌ु	ग
स	थ	ख	र	ग	◌ो	श	ऊ	छ	च	◌्	ट	आ	उ
भ	ष	ण	ग	ग	म	त	ग	च	प	ब	ल	ग	फ
ट	श	प	ण	ट	छ	प	◌ा	प	◌ा	न	◌ी	◌ी	आ
स	द	ष	◌ं	इ	ल	◌ू	य	च	◌ू	ह	◌ा	म	ऊ
क	◌ॉ	ल	र	ज	◌ी	◌ं	प	ि◌	ल	◌्	ल	◌ा	भ
◌ु	ब	र	भ	स	◌े	छ	ि◌	प	क	ल	◌ी	ध	◌ो
त	इ	थ	म	ध	भ	य	आ	ट	ट	ण	स	इ	ज
◌्	ए	ग	इ	न	ए	ट	ष	◌्	आ	उ	र	उ	न
त	व	न	छ	इ	फ	त	ण	ट	श	फ	ञ	प	थ
◌ा	ह	ब	न	थ	ण	ए	ष	◌ा	ख	द	ए	ऊ	आ
प	श	◌ु	च	ि◌	क	ि◌	त	◌्	स	क	उ	ञ	व

बिल्ली
बकरी
कुत्ता
पिल्ला
कॉलर
पानी
पंजे
पट्टा
खरगोश
छिपकली
भोजन
तोता
मछली
पूंछ
चूहा
कछुआ
गाय
पशु चिकित्सक

64 - Forêt Tropicale

व	◌ि	व	◌ि	ध	त	◌ा	द	ऊ	श	ज	ऊ	ह	व
म	ष	क	ञ	व	छ	भ	प	व	उ	◌ं	ट	त	◌ा
स	◌ृ	ज	◌ी	ब	प	क	◌्	ष	◌ी	ग	ग	घ	न
◌ं	ए	ल	स	ड	म	श	र	ण	म	ल	ञ	ब	स
र	च	व	◌्	च	◌़	घ	क	ह	उ	ख	ऊ	ह	◌्
क	म	◌ा	त	य	आ	◌े	◌ृ	ट	ठ	ख	फ	◌ा	प
◌्	थ	य	न	उ	व	न	त	ञ	ऊ	व	ब	ल	त
ष	ग	◌ु	ध	ए	ध	◌ा	◌ि	क	फ	त	ढ	◌ी	◌ि
ण	स	च	◌ा	ग	ग	ड	न	◌ा	थ	ट	उ	ठ	क
म	इ	द	र	ब	◌ा	द	ल	ई	य	भ	भ	म	ग
ण	घ	ब	◌ी	न	च	स	म	◌ु	द	◌ा	य	ष	र
ण	भ	ठ	स	◌्	व	द	◌े	श	◌ी	ऊ	च	ल	भ
ञ	ट	र	म	द	ध	भ	उ	म	आ	द	र	आ	ल
प	◌्	र	ज	◌ा	त	◌ि	य	◌ा	◌ं	ऊ	र	इ	आ

उभयचर
वानस्पतिक
जलवायु
समुदाय
विविधता
प्रजातियां
स्वदेशी
कीड़े
जंगल
स्तनधारी
काई
प्रकृति
बादल
पक्षी
मूल्यवान
संरक्षण
शरण
आदर
बहाली

65 - Insectes

ड	त	◌ि	त	ल	◌ी	छ	उ	क	ऊ	म	ढ	छ	च
म	म	◌ि	ब	ह	छ	म	ध	◌ु	म	क	◌्	ख	◌ी
ऊ	च	ख	ल	न	ह	ण	य	ट	स	स	ट	ष	◌ं
त	द	◌्	ञ	च	च	ट	य	क	भ	प	◌ि	प	ट
आ	ध	ल	छ	च	ट	आ	र	◌ी	◌ि	◌ि	ड	ग	◌ी
ञ	च	◌ा	ख	र	त	◌्	च	भ	◌ं	स	◌्	ढ	श
द	स	र	ह	घ	य	त	ट	फ	ड	◌्	ड	ढ	म
ड	स	◌्	द	◌ी	म	क	◌ै	◌ा	◌ी	स	◌ी	ग	क
स	◌ि	व	ए	फ	◌ि	ड	घ	य	च	◌ू	भ	ल	◌ी
आ	क	◌ा	भ	◌ृ	◌ं	ग	ख	ख	◌ा	ढ	थ	म	ड
भ	◌ा	ड	◌्	र	◌ै	ग	न	फ	◌्	ल	◌ा	ई	◌़
र	ड	च	ए	म	ए	ख	ञ	व	ह	आ	त	ट	◌ा
न	◌ा	प	ञ	ड	ठ	ष	ष	ध	ब	ध	आ	ण	ए
ल	भ	ढ	ग	भ	र	ष	व	उ	द	म	ए	ड	ढ

मधुमक्खी
तिलचट्टा
सिकाडा
भिंडी
चींटी
ततैया
लार्वा
ड्रैगनफ्लाई
कुटकी
मच्छर
तितली
पिस्सू
एफिड
टिड्डी
भृंग
दीमक
कीड़ा

66 - Ferme #1

त	फ	ण	क	ग	◌ा	य	द	प	ए	ढ	ह	व	उ
ञ	स	न	◌ु	◌ौ	श	च	ष	झ	◌ु	◌ं	ड	ऊ	श
ध	ख	व	त	प	आ	ल	द	ढ	ग	ब	ट	ढ	घ
ब	◌े	य	◌्	ढ	फ	ग	फ	द	उ	ञ	इ	श	ड
ए	त	फ	त	स	◌ू	अ	र	घ	◌ा	स	ऊ	थ	ढ
ड	घ	प	◌ा	न	◌ी	ध	म	थ	क	च	म	भ	ध
र	ड	◌ो	उ	र	◌्	व	र	क	◌ृ	ग	ध	◌ा	ठ
व	ब	छ	ड	◌़	◌ा	ड	द	ब	ष	थ	◌ु	ढ	ञ
ब	इ	फ	ट	◌़	च	श	श	क	◌ि	ध	म	ल	ण
◌ा	उ	त	ञ	स	◌ा	ण	ह	र	ए	ल	क	ख	आ
ड	फ	ष	य	श	व	न	द	◌ी	प	ऊ	◌्	न	आ
◌़	द	य	थ	इ	ल	ख	फ	ब	भ	उ	ख	ल	ड
न	ञ	ढ	ह	द	ऊ	ट	ह	ठ	म	र	◌ी	श	◌ी
न	च	◌ि	क	न	इ	च	द	य	ड	ह	य	ढ	ष

मधुमक्खी
कृषि
गधा
खेत
बिल्ली
घोड़ा
बकरी
कुत्ता
बाड़
सूअर
कौआ
पानी
उर्वरक
घास
शहद
चिकन
चावल
झुंड
गाय
बछड़ा

67 - Escalade

ग	च	ऊ	व	◌ा	य	◌ु	म	◌ं	ड	ल	ठ	आ	व
◌ा	◌ु	◌ो	◌ं	स	◌ं	क	◌ी	र	◌्	ण	व	न	र
इ	स	फ	ट	च	प	ण	ञ	भ	इ	य	ण	ऊ	ए
ड	◌्	आ	◌ा	त	◌ा	क	त	इ	य	श	इ	व	न
घ	थ	छ	ठ	ठ	घ	ई	श	◌ा	र	◌ी	र	◌ि	क
ण	◌ि	च	◌ु	न	◌ौ	त	◌ि	य	◌ो	◌ं	न	श	◌्
ठ	र	ह	ञ	ञ	घ	न	ज	◌ू	त	◌े	प	◌े	श
द	त	◌े	प	◌्	र	श	◌ि	क	◌्	ष	ण	ष	◌ा
स	◌ा	ल	च	व	र	घ	ज	ऊ	थ	ष	ग	ज	भ
◌्	स	म	उ	ढ	य	आ	◌्	द	घ	ह	श	◌्	◌ू
त	व	◌े	घ	ह	स	म	ञ	ख	ष	न	न	ञ	भ
◌ा	ख	ट	ऊ	द	भ	ग	◌ा	ऊ	ख	त	द	थ	◌ा
न	ण	ण	ष	ब	आ	इ	स	र	उ	न	ख	च	ग
◌े	म	य	ट	ढ	थ	ग	◌ा	इ	इ	ञ	ढ	य	आ

ऊंचाई
वायुमंडल
चोट
जूते
नक्शा
हेलमेट
जिज्ञासा
चुनौतियों
विशेषज्ञ
संकीर्ण
ताकत
प्रशिक्षण
दस्ताने
गुफा
गाइड
शारीरिक
स्थिरता
भूभाग

68 - École #2

ष	ल	उ	य	भ	न	ह	ल	ध	स	◌ं	ग	ण	क
भ	घ	ब	र	भ	ण	आ	प	र	र	फ	घ	ए	◌ै
स	घ	म	र	स	ष	ठ	◌ु	द	थ	श	ञ	इ	◌ं
घ	ल	छ	आ	ञ	ढ	ग	स	ख	स	◌ि	म	ग	च
प	◌े	◌ं	स	◌ि	ल	व	◌्	य	◌ा	क	र	ण	◌ी
◌ु	ढ	क	श	च	ट	व	त	ढ	ह	◌्	भ	◌ि	इ
स	थ	◌़	◌ै	ब	स	ट	क	ढ	◌ि	ष	र	त	र
◌्	य	थ	न	ल	◌्	स	◌े	व	त	क	◌ा	ग	ज
त	श	ख	च	◌ा	◌े	द	◌ं	ड	◌्	ब	इ	इ	ल
क	घ	ल	◌े	ख	न	◌ं	क	र	य	स	ऊ	प	र
◌ा	श	◌ि	क	◌्	ष	◌ा	ड	◌ी	आ	ख	द	ड	ज
ल	व	◌ि	ज	◌्	ञ	◌ा	न	र	श	◌े	ड	फ	◌ू
य	इ	प	ण	ढ	श	ऊ	घ	ह	ठ	ल	ष	भ	त
ट	ए	ह	प	स	◌ी	ख	म	ह	प	थ	ऊ	फ	◌े

सीख
पुस्तकालय
बस
कैलेंडर
जूते
कैंची
पेंसिल
शब्दकोश
शिक्षक
लेखन

शिक्षा
व्याकरण
खेल
पढ़ना
साहित्य
पुस्तकें
गणित
संगणक
कागज
विज्ञान

69 - Antarctique

द	ह	र	इ	ठ	ड	ष	व	स	स	ल	प	प	श
ल	◌्	म	इ	ध	ड	ण	◌्	◌ं	छ	प	◌्	◌्	◌ो
ए	ध	व	घ	व	ठ	ड	ह	र	आ	च	र	र	ध
ब	◌े	म	◌ी	अ	ष	ह	◌े	क	फ	म	◌ा	व	क
प	व	ग	ब	प	भ	ह	ल	◌्	ठ	ह	य	◌ा	र
थ	क	ह	ट	म	स	◌ि	छ	ष	ब	◌ा	द	स	◌्
र	ए	◌्	ष	र	श	म	य	ण	ष	द	◌्	ख	त
◌ी	ण	इ	ष	ड	स	न	◌ू	◌ा	इ	◌्	व	न	◌ा
ल	श	य	ग	◌ी	न	द	ब	ह	न	व	◌ी	◌ि	ञ
◌ा	प	र	◌्	य	◌ा	व	र	ण	भ	◌ी	प	ज	ष
त	◌ा	प	म	◌ा	न	ए	◌्	छ	ह	प	ख	आ	प
न	न	व	ध	र	भ	भ	फ	भ	◌ू	ग	◌ो	ल	ह
घ	◌ी	व	◌ै	ज	◌्	ञ	◌ा	न	◌ि	क	द	ग	ठ
स	◌्	थ	ल	◌ा	क	◌ृ	त	◌ि	ञ	प	इ	ष	ड

बे
व्हेल
शोधकर्ता
संरक्षण
महाद्वीप
पानी
पर्यावरण
अभियान
भूगोल
बर्फ
हिमनद
द्वीप समूह
प्रवास
खनिज
पक्षी
प्रायद्वीप
पथरीला
वैज्ञानिक
तापमान
स्थलाकृति

70 - Professions #2

ब	इ	ढ	म	भ	न	इ	◌ं	ज	◌ी	न	ि◌	य	र
ह	न	ब	र	श	श	ि◌	क	◌्	ष	क	ढ	द	श
◌ु	आ	इ	ल	स	◌्	ट	◌्	र	◌े	ट	र	◌ा	◌ो
भ	स	व	च	ि◌	क	ि◌	त	◌्	स	क	ठ	र	ध
◌ा	र	ष	ि◌	अ	न	◌्	व	◌े	ष	क	ञ	◌्	क
ष	◌्	ष	उ	ष	प	त	◌्	र	क	◌ा	र	श	र
◌ी	ज	भ	ग	थ	◌्	◌ा	ञ	ट	ल	श	य	न	◌्
ज	न	ह	भ	ल	फ	क	य	म	◌ा	ल	◌ी	ि◌	त
श	◌ा	ग	ढ	प	च	भ	◌ा	ल	घ	इ	स	क	◌ा
प	म	स	आ	ल	ट	ए	र	र	ट	आ	ऊ	ष	ड
न	ऊ	ण	◌ू	ग	व	ठ	ण	छ	क	प	न	उ	ञ
ग	स	र	र	स	च	ि◌	त	◌्	र	क	◌ा	र	इ
द	◌ं	त	च	ि◌	क	ि◌	त	◌्	स	क	म	ढ	ए
ल	◌ा	इ	ब	◌्	र	◌े	र	ि◌	य	न	र	त	त

लाइब्रेरियन
शोधकर्ता
सर्जन
दंत चिकित्सक
जासूस
अन्वेषक
शिक्षक
इलस्ट्रेटर
इंजीनियर
आविष्कारक
माली
पत्रकार
बहुभाषी
चिकित्सक
चित्रकार
दार्शनिक
पायलट

71 - Les Abeilles

उ	ञ	छ	ल	द	घ	ब	र	प	भ	ऊ	ऊ	श	ट
ह	न	त	ठ	ञ	फ	छ	स	◌ू	र	◌्	य	ब	य
इ	ए	◌्	ड	ढ	झ	◌ु	◌ं	ड	व	◌ा	छ	द	ए
थ	ध	त	र	◌ा	न	◌ी	ट	र	◌ि	प	ग	ट	घ
ह	ञ	◌ा	प	छ	ष	र	न	द	व	छ	◌ं	ख	ल
ष	ञ	ख	◌ौ	श	ड	थ	त	प	◌ि	व	त	ख	ल
आ	ण	ठ	ध	फ	ध	श	ह	च	ध	उ	स	◌ि	भ
ग	ख	ग	◌े	न	छ	न	य	न	त	ऊ	ऊ	ल	च
ष	य	स	ऊ	ल	फ	भ	भ	ग	◌ा	त	ए	न	व
म	ब	ध	ढ	ऊ	◌ू	म	◌ो	म	ल	फ	ल	◌ा	व
ठ	ग	ऊ	◌ु	फ	ल	र	ज	उ	ह	ए	श	ह	द
क	◌ी	ट	ऊ	आ	ग	ट	न	थ	ब	घ	ञ	घ	व
च	च	श	त	ब	◌ँ	प	र	◌ा	ग	ण	क	थ	ड
ल	◌ा	भ	क	◌ा	र	◌ी	र	ष	च	स	उ	उ	ष

पंख
लाभकारी
मोम
विविधता
झुंड
खिलना
फूल
फल
धुआँ
कीट
बगीचा
शहद
भोजन
पौधे
पराग
परागणक
रानी
छत्ता
सूर्य

72 - Dinosaures

व	प	म	ा	ं	स	ा	ह	ा	र	ी	ऊ	ण	च
ि	प	प	श	ि	क	ा	र	प	स	ड	ठ	ञ	म
श	ज	्	भ	म	ह	आ	क	ा	र	ढ	द	ञ	उ
ा	ी	र	र	य	प	ख	ष	उ	ी	उ	इ	ढ	र
ल	व	ज	श	ा	ग	ड	प	भ	स	श	व	ष	च
व	ा	ा	क	न	ग	ख	ं	ऊ	ृ	प	ू	ं	छ
इ	श	त	्	ए	ठ	ै	ख	उ	प	न	द	आ	छ
व	्	ि	त	थ	थ	य	त	प	ृ	थ	्	व	ी
ि	म	य	ि	र	ञ	छ	श	ि	ष	ट	ढ	ण	श
क	र	ा	श	ै	श	ा	क	ा	ह	ा	र	ी	ा
ा	ढ	ं	ा	प	च	ड	ब	ड	़	ा	ध	प	त
स	ञ	व	ल	्	ढ	ल	त	त	ख	छ	स	व	ि
त	त	ख	ी	ट	ब	उ	ह	न	ध	च	उ	ि	र
च	अ	ं	त	र	्	ध	ा	न	आ	ड	प	ञ	क

पंख
मांसाहारी
अंतर्धान
प्रजातियां
विकास
जीवाश्म
बड़ा
शाकाहारी
विशाल
प्रागैतिहासिक
शिकार
शक्तिशाली
पूंछ
रैप्टर
सरीसृप
आकार
पृथ्वी
शातिर

73 - Conduite

थ	स	ड	फ	प	न	क	◌्	श	◌ा	छ	ग	व	च
च	म	◌ो	ट	र	स	◌ा	इ	क	◌ि	ल	व	त	थ
आ	ई	द	ष	◌ि	द	आ	ख	ह	इ	ग	ड	श	◌ि
न	त	◌ं	ख	व	ठ	◌ु	त	र	ण	आ	उ	छ	त
त	घ	ख	ध	ह	म	द	र	ट	ञ	ड	न	प	न
ऊ	ञ	फ	प	न	ह	आ	◌ा	◌्	क	◌ा	र	◌ै	न
ल	य	न	थ	थ	आ	भ	न	र	घ	ट	ल	द	ख
◌ा	ख	भ	ग	◌ै	स	ड	◌़	क	ऊ	ट	ण	ल	भ
इ	श	भ	◌ै	न	◌ु	प	◌ु	ल	◌ि	स	न	य	ग
स	व	ड	र	च	र	ब	◌्	र	◌े	क	च	◌ा	आ
◌े	छ	ब	◌े	ण	क	म	◌ो	ट	र	र	प	त	स
◌ं	स	ए	ज	म	◌्	स	◌ु	र	◌ं	ग	ए	◌्	य
स	य	भ	द	ख	ष	न	आ	ड	व	त	ह	र	श
च	ख	ड	ढ	य	◌ा	त	◌ा	य	◌ा	त	ष	◌ी	र

दुघटना
ट्रक
ईंधन
नक्शा
खतरा
ब्रेक
गैरेज
गैस
लाइसेंस
मोटर
मोटरसाइकिल
पैदल यात्री
पुलिस
सड़क
सुरक्षा
यातायात
परिवहन
सुरंग
गति
कार

74 - Plantes

ब	प	त	◌्	त	◌ा	आ	थ	उ	प	च	ध	य	ज
ग	◌े	ब	◌े	र	◌ी	व	श	र	त	न	◌ा	त	ड
ख	ड	◌ु	ग	आ	ष	प	ब	◌्	◌्	ग	ढ	आ	◌़
व	◌़	श	घ	◌ी	ट	ल	◌ा	व	त	ग	ऊ	प	व
ऊ	च	घ	उ	ढ	च	ण	◌ं	र	◌ी	व	ड	थ	न
ड	ण	◌ा	फ	◌ू	ल	◌ा	स	क	इ	ठ	व	ड	त
घ	घ	स	ञ	ल	ञ	व	न	स	◌्	प	त	◌ि	ण
ञ	ण	ह	छ	ब	ञ	स	र	आ	ग	म	ख	स	द
ट	घ	स	प	य	ढ	ट	च	स	आ	ए	फ	ख	ऊ
स	ड	फ	त	ब	त	◌़	ञ	◌े	ख	इ	ल	भ	ऊ
क	◌ै	क	◌्	ट	स	आ	न	म	ञ	ब	व	र	ल
ण	छ	ऊ	त	म	क	ड	ब	◌ा	न	न	फ	◌ी	घ
न	र	ख	◌े	इ	◌ा	ऊ	व	ल	ह	भ	ठ	म	य
ल	ड	ढ	ह	ध	ई	ढ	इ	ए	श	प	ब	न	द

पेड़
बेरी
बांस
बुश
कैक्टस
उर्वरक
पत्ते
पत्ता
फूल
वन

बढ़ना
सेम
घास
बगीचा
आइवी
काई
पत्ती
जड़
तना
वनस्पति

75 - Ferme #2

ऊ	न	स	ड	ञ	भ	ठ	ज	च	र	व	◌ा	ह	◌ा
ढ	म	च	ब	ठ	भ	र	◌ा	◌ौ	घ	छ	ड	च	ट
ऊ	थ	प	इ	◌्	◌ो	व	न	घ	◌ा	ह	ख	घ	ल
ढ	ष	न	उ	ख	ज	ग	व	ब	स	ख	ञ	फ	भ
आ	थ	भ	भ	ञ	न	◌ी	र	य	क	फ	र	ल	च
ल	इ	ष	स	म	ठ	फ	◌ो	छ	◌ा	श	न	◌ो	र
ब	द	छ	ण	क	ट	स	◌ं	भ	म	र	ध	द	य
फ	त	भ	घ	ई	क	◌ि	इ	म	◌ै	ञ	फ	◌्	र
ख	इ	ख	त	व	◌ि	◌ं	फ	◌े	द	उ	ल	य	इ
म	प	ल	न	ढ	स	च	ब	म	◌ा	ठ	◌ा	◌ा	ध
श	भ	◌ि	द	र	◌ा	◌ा	त	न	न	इ	म	न	म
ग	◌े	ह	◌ू	◌ँ	न	ई	म	◌ा	ख	प	◌ा	घ	आ
ग	ड	◌ा	ध	ट	◌्	र	◌ै	क	◌्	ट	र	ढ	ठ
ञ	◌़	न	प	क	◌ा	ह	◌ु	आ	ग	प	य	द	उ

मेमना
किसान
जानवरों
चरवाहा
गेहूँ
बतख
फल
खलिहान
सिंचाई
दूध
लामा
सब्जी
मकई
भेड़
पका हुआ
भोजन
जौ
घास का मैदान
ट्रैक्टर
फलोद्यान

76 - École #1

स	स	ख	प	◌ु	स	◌्	त	क	◌े	◌ं	च	फ	प
व	र	◌्	ण	म	◌ा	ल	◌ा	◌ा	ल	ठ	ऊ	◌़	◌े
स	◌ं	ख	◌्	य	◌ा	ए	◌ँ	ग	ष	म	ण	◌ो	◌ं
क	क	◌्	ष	◌ा	स	ड	श	ज	ह	उ	प	ल	स
च	ड	र	ट	भ	त	घ	आ	भ	ञ	य	र	◌्	ि◌
प	◌्	र	श	◌्	न	◌ो	त	◌्	त	र	◌ी	ड	ल
ट	स	छ	ष	ह	ह	ड	◌े	स	◌्	क	क	र	ख
द	ऊ	ण	य	छ	ऊ	फ	ढ	क	◌ु	र	◌्	स	◌ी
द	◌ो	प	ह	र	क	◌ा	भ	◌ो	ज	न	ष	ण	श
प	◌ु	स	◌्	त	क	◌ा	ल	य	आ	व	◌ा	फ	ि◌
ष	त	भ	◌्	श	फ	ऊ	इ	ञ	म	ग	◌ा	ठ	क
द	इ	ड	य	त	घ	स	व	ए	ज	ल	द	ब	◌्
ग	च	ड	इ	प	◌ो	ण	श	घ	◌़	ल	फ	इ	ष
ग	ण	ि◌	त	त	ख	◌ं	च	ठ	◌ा	ष	ल	त	क

वर्णमाला
दोस्तों
मज़ा
पुस्तकालय
डेस्क
कुर्सी
पेंसिल
कलम
दोपहर का भोजन
फ़ोल्डर
शिक्षक
परीक्षा
पुस्तकें
गणित
संख्याएँ
कागज
प्रश्नोत्तरी
जवाब
कक्षा

77 - Vacances #2

छ	च	ण	ध	न	ढ	ट	म	उ	घ	इ	ग	ट	इ
र	◌ु	ए	ड	फ	ट	◌ै	न	क	◌्	श	◌ा	च	म
प	य	ट	ढ	ध	ख	क	व	स	स	फ	ठ	ल	द
श	म	घ	◌्	त	घ	◌्	म	भ	म	श	व	आ	ष
ठ	ग	थ	ण	ट	त	स	छ	◌ो	◌ु	◌ु	◌ि	र	न
त	◌ं	ब	◌ू	न	◌ी	◌ी	ड	ज	द	स	द	क	ड
फ	त	च	अ	व	क	◌ा	श	न	◌्	न	◌े	◌्	◌े
ह	व	◌ा	ई	अ	ड	◌्	ड	◌ा	र	ण	श	ष	र
◌ो	◌्	◌ी	आ	ए	ग	म	उ	ल	त	आ	◌ी	ण	◌ा
ट	य	इ	ज	स	र	त	छ	य	ट	ह	श	प	ड
ल	ष	ख	प	◌ा	स	प	◌ो	र	◌्	ट	स	श	◌ा
द	◌्	व	◌ी	प	स	ट	◌्	र	◌े	न	भ	भ	ल
य	◌ा	त	◌्	र	◌ा	ख	श	प	र	◌ि	व	ह	न
द	ट	ञ	य	ठ	ट	य	ग	आ	ऊ	ष	उ	प	◌ा

हवाई अड्डा
डेरा डालना
नक्शा
गंतव्य
विदेशी
होटल
द्वीप
अवकाश
समुद्र
पासपोर्ट
समुद्र तट
भोजनालय
आरक्षण
टैक्सी
तंबू
ट्रेन
परिवहन
छुट्टी
वीजा
यात्रा

78 - Temps

म	◌ि	न	ट	भ	फ	प	ड	ठ	उ	न	ढ	ग	ट
क	भ	व	◌ि	ष	◌्	य	र	ज	ल	◌्	द	ह	◌ी
ल	उ	आ	इ	ण	फ	ठ	◌ा	स	प	◌्	त	◌ा	ह
च	व	र	भ	ब	फ	घ	त	भ	अ	र	म	ह	उ
इ	स	स	◌े	प	ह	ल	◌े	स	◌ु	ब	ह	ल	ष
क	◌े	ब	◌ा	द	◌ो	प	ह	र	ष	ञ	◌ी	ड	त
ठ	◌ै	ण	स	श	य	म	घ	थ	ठ	ठ	न	च	ह
स	च	ल	प	क	ट	ट	ख	व	द	प	◌ा	ञ	व
द	◌ि	न	◌े	प	छ	च	व	◌ा	उ	ह	ऊ	घ	ट
◌ी	ञ	त	ठ	◌ं	म	श	फ	र	फ	घ	ग	◌ं	थ
ख	ऊ	न	च	ए	ड	आ	ट	◌्	◌्	ट	ह	ट	ण
घ	ड	◌़	◌ी	च	य	र	उ	ष	न	ष	य	◌ा	ञ
व	इ	छ	ह	ए	ठ	ट	ह	◌ि	थ	घ	ञ	ञ	ल
स	भ	ख	ट	ह	व	य	ण	क	भ	छ	घ	ए	छ

वर्ष
वार्षिक
के बाद
इससे पहले
जल्द ही
कैलेंडर
दशक
भविष्य
घंटा
कल
घड़ी
दिन
अब
सुबह
दोपहर
मिनट
महीना
रात
सप्ताह
सदी

79 - Maison

ए	ढ	स	ध	न	प	ण	व	आ	छ	घ	श	ष	स
इ	ग	ख	छ	र	र	◌ु	त	ह	ख	◌ा	न	◌ा	ड
ल	ब	ब	ण	ऊ	◌्	ड	स	य	छ	आ	ध	स	ब
प	च	घ	ए	ल	द	ए	च	◌्	त	ञ	ठ	क	ब
न	◌ि	ञ	आ	ब	◌े	त	ग	ण	त	ब	ह	क	◌ौ
ड	म	ण	ल	थ	ड	ब	ग	आ	ख	क	ठ	◌्	छ
उ	न	ऊ	ब	घ	र	ब	ऊ	ऊ	ए	ब	◌ा	ष	◌ा
द	◌ी	व	◌ा	र	द	ग	◌ै	र	◌े	ज	घ	ल	र
◌ी	र	ब	ड	ण	ष	◌ी	द	र	व	◌ा	ज	◌ा	य
प	ख	◌्	◌़	ह	झ	च	ए	ड	फ	ग	क	ञ	छ
क	ष	र	प	अ	ट	◌ा	र	◌ी	स	ल	◌ु	घ	ख
र	स	◌ो	ई	ण	ख	◌ि	ड	◌़	क	◌ी	◌ं	श	ब
फ	न	श	ए	आ	ब	प	म	◌़	थ	च	ज	प	भ
ढ	ह	ध	द	म	स	व	प	ग	◌ू	◌ा	◌ो	उ	प

झाड़
पुस्तकालय
कक्ष
चिमनी
कुंजी
बाड़
रसोई
बौछार
खिड़की
गैरेज
अटारी
बगीचा
दीपक
दर्पण
दीवार
दरवाजा
पर्दे
तहखाना
गलीचा
छत

80 - Légumes

स	म	◌ु	द	◌्	र	◌ी	श	◌ै	व	◌ा	ल	ढ	आ
प	द	घ	ष	ञ	ञ	थ	र	ख	त	त	स	च	ग
ऊ	◌्	इ	स	भ	फ	अ	ज	म	◌ो	द	श	त	च
ए	ड	य	ल	ष	ह	द	द	न	ण	ह	ल	घ	ब
ध	ऊ	स	◌ा	म	श	र	◌ू	म	ग	◌ा	ज	र	◌ै
प	ज	ण	द	ज	उ	क	ष	ड	य	थ	म	ब	◌ं
म	◌ा	◌ै	ह	ष	ढ	ल	घ	व	ग	◌ी	य	◌्	ग
◌ू	ट	ल	त	अ	ज	व	◌ा	इ	न	च	ण	र	न
ल	म	ह	क	◌ू	क	द	◌्	द	◌ू	क	म	◌ो	ख
◌ी	◌ा	स	आ	श	न	ञ	ड	ग	इ	ष	ट	क	थ
उ	ट	◌ु	ख	ख	ण	म	न	ष	न	त	र	◌ो	व
द	र	न	◌ी	प	च	ए	ब	थ	ह	ड	त	ल	ए
घ	छ	ठ	र	ड	श	ण	व	आ	छ	ठ	ऊ	◌ी	ए
ञ	त	घ	◌ा	ग	स	ढ	च	ह	ठ	ऊ	ण	ञ	द

लहसुन
समुद्री शैवाल
हाथी चक
बैंगन
ब्रोकोली
गाजर
अजवाइन
मशरूम
कद्दू
खीरा

पालक
अदरक
शलजम
प्याज
जैतून
अजमोद
मटर
मूली
सलाद
टमाटर

81 - Plage

ल	◌ै	ग	◌ू	न	व	फ	ड	ल	ध	ढ	छ	ट	छ
छ	प	◌ो	स	◌े	ल	ब	◌ो	ट	च	ऊ	च	त	◌ु
फ	ल	द	च	◌ू	ध	ट	व	ण	च	ख	य	◌ौ	ट
आ	घ	◌ी	ष	च	र	द	ऊ	ष	द	ट	प	ल	◌्
स	◌ै	◌ं	ड	ल	◌े	◌्	ढ	ऊ	ह	प	घ	ि◌	ट
र	र	ब	ट	न	त	व	य	स	म	आ	इ	य	◌ी
स	म	◌ु	द	◌्	र	◌ी	छ	ढ	ल	ध	न	◌ा	ऊ
च	ट	◌्	ट	◌ा	न	प	न	◌ा	व	म	थ	ऊ	आ
क	◌े	क	ड	◌़	◌ा	ग	न	◌ी	ल	◌ा	छ	र	द
श	प	य	ब	फ	थ	त	◌ो	ठ	श	ट	◌ा	ग	भ
य	ए	र	आ	ब	त	ण	ड	ल	ञ	ड	त	ट	आ
ष	ढ	म	प	ध	ष	ञ	ए	ल	◌े	ट	◌ा	घ	भ
व	स	◌ा	ग	र	घ	स	ण	न	ष	प	ड	ढ	प
इ	ट	ण	स	य	ए	घ	त	द	न	त	ण	उ	ऊ

नाव
नीला
गोले
तट
केकड़ा
गोदी
द्वीप
लैगून
समुद्र
सागर
छाता
चट्टान
रेत
सैंडल
तौलिया
सूर्य
छुट्टी
सेलबोट

82 - Famille

ञ	आ	ञ	उ	ञ	द	प	◌ू	र	◌्	व	ज	ख	घ
श	च	च	◌े	र	◌ा	भ	◌ा	ई	ष	द	ष	थ	श
उ	◌ा	थ	उ	ऊ	द	त	◌ा	म	छ	ब	ल	आ	ब
ट	च	म	◌ा	◌ं	◌ी	◌ी	छ	ई	च	ट	ग	म	ए
इ	◌ा	ग	य	प	म	ज	थ	य	आ	ख	आ	म	ब
ढ	म	व	थ	र	व	◌ी	ख	ग	प	ट	ड	स	◌े
ख	◌ा	न	प	◌ै	त	◌ृ	क	ब	ग	प	ड	स	ट
ट	त	ब	च	◌्	च	◌े	ष	र	च	ब	◌ी	व	◌ी
घ	◌ृ	त	द	◌ा	द	◌ा	घ	भ	◌ा	◌्	च	उ	ब
ऊ	छ	ञ	भ	त	◌ी	ज	◌ा	श	च	प	च	प	घ
घ	न	ह	ह	आ	र	प	ब	ण	◌ी	म	ढ	◌ा	न
प	◌ि	त	◌ा	ञ	भ	त	ह	ह	ल	श	ए	ण	उ
त	म	इ	छ	ख	आ	च	न	ध	छ	फ	ब	आ	य
◌ि	ऊ	ण	भ	ढ	ग	ब	घ	ह	द	ए	ऊ	थ	ल

पूर्वज
चचेरा भाई
बचपन
बच्चा
बच्चे
बीवी
बेटी
भाई
दादी
दादा
पोते
मातृ
मां
भतीजा
भतीजी
चाचा
पैतृक
पिता
बहन
चाची

83 - Oiseaux

त	म	◌ू	र	◌्	ख	म	न	◌ु	ष	◌्	य	ग	श
व	◌ो	च	ए	त	ड	◌ु	न	म	ग	ट	ध	◌ौ	◌ु
स	ब	त	ख	ह	ञ	र	ए	य	ञ	◌ू	द	र	त
ष	श	ह	◌ा	व	आ	◌्	ट	प	म	क	थ	◌ै	◌ु
ल	अ	◌ं	ड	◌ा	ड	ग	च	ञ	ब	◌े	च	य	र
आ	फ	स	आ	स	आ	◌ी	ग	इ	श	न	ब	◌ा	म
य	च	द	व	◌ी	प	ठ	य	ऊ	न	ण	आ	र	◌ु
घ	ऊ	आ	च	ल	ढ	ब	ढ	ग	र	ई	ग	ल	र
व	भ	ण	◌ि	ड	उ	ग	य	ह	व	प	ए	इ	◌्
स	त	प	क	ब	◌ू	त	र	◌ा	ज	ह	◌ं	स	ग
क	व	ध	न	न	ग	ग	छ	द	न	थ	ब	प	ट
◌ो	◌ौ	प	◌े	◌ं	ग	◌ु	इ	न	छ	स	म	ऊ	ऊ
य	ड	आ	य	इ	र	छ	ल	आ	ब	प	◌ो	प	श
ल	ख	ठ	थ	ठ	ठ	ए	द	◌ा	स	◌ा	र	स	भ

ईगल
शुतुरमुर्ग
बतख
सारस
कौआ
कोयल
हंस
राजहंस
बगुला
पेंगुइन

गौरैया
मूर्ख मनुष्य
अंडा
मोर
तोता
हवासील
कबूतर
मुर्गी
चिकन
टूकेन

84 - Disciplines Scientifiques

ज	र	भ	◌ू	व	◌ि	ज	◌्	ञ	◌ा	न	ढ	ह	प
क	◌ी	स	ज	◌ी	व	र	स	◌ा	य	न	थ	ख	◌ु
श	◌ा	व	◌ा	प	◌ो	ष	ण	ड	व	ण	ह	ढ	र
र	ष	इ	व	य	◌ा	◌ं	त	◌्	र	◌ि	क	◌ी	◌ा
◌ी	ञ	ठ	न	◌ि	न	ट	छ	भ	श	थ	न	प	त
र	ढ	ल	भ	◌्	ज	व	घ	फ	छ	प	त	व	त
र	ऊ	ऊ	ठ	ख	स	◌्	◌ि	घ	इ	ण	न	ढ	◌्
च	ग	य	घ	इ	ह	◌ि	ञ	ज	घ	ड	ह	ए	व
न	र	ल	ह	ञ	प	प	य	◌ा	◌्	स	ट	थ	भ
◌ा	इ	श	त	ष	त	इ	फ	◌ो	न	ञ	स	ठ	ह
र	◌ो	ब	◌ो	ट	◌ि	क	◌्	स	ल	ग	◌ा	आ	ढ
ख	न	◌ि	ज	व	◌ि	द	◌्	य	◌ा	◌ॉ	फ	न	उ
म	न	◌ो	व	◌ि	ज	◌्	ञ	◌ा	न	थ	ज	घ	ह
ख	ग	◌ो	ल	व	◌ि	ज	◌्	ञ	◌ा	न	ए	◌ी	स

शरीर रचना
पुरातत्व
खगोल विज्ञान
जीव रसायन
जीवविज्ञान
रसायन विज्ञान
भूविज्ञान
काइन्सियोलॉजी
यांत्रिकी
खनिज विद्या
पोषण
मनोविज्ञान
रोबोटिक्स

85 - Émotions

उ	ख	च	श	ड	फ	त	ख	ड	उ	ऊ	ञ	प	ख
द	न	प	द	र	ख	य	ठ	ट	य	ल	उ	छ	प
◌ा	ख	आ	उ	त	ए	व	म	फ	त	ल	प	प	स
स	इ	ट	म	न	व	भ	फ	त	स	ख	छ	व	ह
◌ी	भ	आ	ढ	ठ	छ	य	द	य	◌ा	ल	◌ु	त	◌ा
क	ठ	उ	घ	ऊ	ध	ख	उ	व	भ	थ	इ	ण	न
य	◌ो	त	ग	ड	ह	ष	व	आ	व	ट	य	ड	◌ु
र	प	म	उ	ग	र	स	◌ं	त	◌ु	ष	◌्	ट	भ
◌ा	र	ढ	ल	न	◌्	श	ख	य	ड	ब	ढ	श	◌ू
ह	ढ	ह	ष	त	ष	न	भ	प	ब	◌ो	क	ञ	त
त	ग	इ	श	श	◌ा	आ	श	◌्	च	र	◌्	य	◌ि
ठ	व	य	आ	भ	◌ा	र	◌ी	य	व	◌ि	र	इ	घ
ह	श	र	◌्	म	◌ि	◌ं	द	◌ा	म	य	◌ो	श	व
श	◌ा	◌ं	त	◌ि	ब	फ	त	र	ख	त	ध	न	ध

प्यार
शांत
क्रोध
शर्मिंदा
बोरियत
दयालुता
हर्ष
शांति

डर
आभारी
राहत
संतुष्ट
आश्चर्य
सहानुभूति
कोमलता
उदासी

86 - Géographie

स	इ	ढ	आ	ग	म	प	श	ष	म	ए	आ	ए	द
ण	इ	ष	स	◌ो	फ	ए	ल	द	ध	ड	स	ष	क
स	◌ा	ग	र	ल	थ	ञ	ए	द	◌्	ल	न	न	◌्
ठ	ष	ऊ	ब	◌ा	ए	फ	त	ड	य	व	द	घ	ष
उ	त	◌्	त	र	ट	ऊ	◌ं	च	◌ा	ई	◌ी	ञ	◌ि
र	ड	स	ञ	◌्	ल	श	ह	र	ह	द	आ	प	ण
व	द	◌े	श	ध	स	म	◌ु	द	◌्	र	व	फ	ठ
छ	ग	ग	आ	स	ह	व	प	◌े	न	ण	स	ण	उ
उ	ध	व	र	ब	ग	ऊ	ह	श	क	ध	द	प	उ
अ	क	◌्	ष	◌ा	◌ं	श	◌ा	◌ा	◌्	ह	◌ु	थ	इ
छ	भ	द	ड	ड	ड	घ	ड	न	श	च	न	ए	श
ढ	ष	न	घ	ड	ट	ए	◌़	◌्	◌ा	द	◌ि	म	ब
व	च	छ	ग	क	◌्	ष	◌े	त	◌्	र	य	म	फ
म	ह	◌ा	द	◌्	व	◌ी	प	र	घ	त	◌ा	आ	ड

ऊंचाई
एटलस
नक्शा
महाद्वीप
नदी
गोलार्ध
द्वीप
अक्षांश
देशान्तर
समुद्र
मध्याह्न
दुनिया
पहाड़
उत्तर
सागर
पश्चिम
देश
दक्षिण
क्षेत्र
शहर

87 - Danse

ष	थ	र	स	त	स	◌ं	स	◌्	क	◌ृ	त	◌ि	द
य	भ	ध	◌ि	◌ं	द	ऊ	फ	द	ल	◌ृ	ढ	र	◌ृ
उ	अ	घ	स	ह	ग	त	◌ि	व	◌ा	थ	प	स	श
ग	क	ठ	ख	स	र	◌ी	ड	र	ण	ध	ढ	◌ा	◌्
म	◌ा	आ	छ	श	प	◌्	त	ष	फ	आ	य	थ	य
ट	द	स	ब	ठ	र	ढ	स	◌ू	च	क	ह	◌ी	ए
ग	म	न	श	र	◌ं	ग	र	ल	आ	ञ	थ	द	म
ट	◌ी	ए	श	भ	प	श	छ	ढ	उ	च	म	त	ल
भ	ध	आ	घ	श	र	◌ी	र	ऊ	ग	ष	ह	◌ा	य
श	भ	छ	श	ध	◌ा	भ	◌ा	व	न	◌ा	र	ल	ठ
ड	ब	ध	ग	ल	ग	ड	उ	ष	र	त	◌्	घ	च
भ	व	थ	न	◌ृ	त	◌्	य	क	ल	◌ा	ष	ठ	ड
स	◌ा	◌ं	स	◌्	क	◌ृ	त	◌ि	क	प	◌ि	च	उ
श	◌ा	स	◌्	त	◌्	र	◌ी	य	न	च	त	फ	ल

अकादमी
कला
नृत्यकला
शास्त्रीय
शरीर
संस्कृति
सांस्कृतिक
सूचक
भावना
कृपा
हर्षित
गति
संगीत
साथी
आसन
रिहर्सल
ताल
परंपरागत
दृश्य

88 - Bâtiments

थ	म	◌ी	न	◌ा	र	उ	त	न	फ	भ	प	अ	व
◌ि	ड	श	ख	ए	ध	उ	◌ं	ख	र	फ	आ	प	◌े
ए	य	आ	य	ब	र	स	ब	स	व	ह	च	◌ा	ध
ट	ड	व	ब	ष	ऊ	व	◌ू	य	ष	आ	र	र	श
र	स	◌ु	प	र	म	◌ा	र	◌्	क	◌े	ट	◌्	◌ा
क	ऊ	स	ए	इ	छ	स	ब	ह	ल	ड	म	ट	ल
◌े	आ	◌्	स	ख	द	ख	◌ि	य	म	ह	घ	म	◌ा
ब	द	क	◌ि	ल	◌ा	ल	थ	न	ग	◌ै	र	◌े	ज
◌ि	ख	◌ू	ण	व	ड	◌ि	त	फ	◌े	न	त	◌ं	घ
न	उ	ल	त	ञ	ग	ह	◌ो	ट	ल	म	ट	ट	इ
ह	य	ढ	ख	◌ा	थ	◌ा	ऊ	ग	आ	ब	◌ा	ह	भ
ए	फ	इ	फ	व	व	न	फ	◌ै	क	◌्	ट	र	◌ी
स	◌ं	ग	◌्	र	ह	◌ा	ल	य	ख	य	न	ब	ट
घ	ध	घ	थ	ड	न	अ	स	◌्	प	त	◌ा	ल	छ

दूतावास
अपार्टमेंट
केबिन
किला
सिनेमा
स्कूल
गैरेज
खलिहान
अस्पताल
होटल
संग्रहालय
वेधशाला
सुपरमार्केट
तंबू
थिएटर
मीनार
फैक्टरी

89 - Pêche

अ	ग	ज	ख	ढ	आ	स	श	इ	र	ड	आ	ग	ब
त	र	◌ि	ब	ड	ट	◌ो	क	र	◌ी	ल	ड	ञ	ढ
◌ि	च	श	ल	ड	ट	स	म	◌ु	द	◌्	र	त	ट
श	त	त	ख	◌्	◌़	न	द	◌ी	ध	स	स	ठ	ऊ
य	ञ	ड	ऊ	थ	स	◌ा	ढ	व	त	इ	◌ो	व	श
◌ो	ढ	ट	उ	म	म	व	ऋ	त	◌ु	त	इ	व	छ
क	थ	ष	द	ब	ख	ठ	ज	आ	त	व	य	श	छ
◌्	प	र	ब	ग	ब	ष	ल	न	ग	च	◌ा	र	◌ा
त	◌ा	र	स	ड	ठ	स	◌ा	ग	र	ध	उ	ध	द
◌ि	न	ध	◌ै	र	◌्	य	व	स	ग	ऊ	प	आ	ग
ष	◌ी	ञ	य	इ	ण	ध	ख	ब	स	ध	क	ट	फ
ञ	इ	म	ए	घ	ढ	भ	ञ	ध	म	झ	र	य	ऊ
ह	भ	स	ञ	ह	◌ु	क	छ	भ	घ	◌ी	ण	स	ख
व	आ	ख	ष	ण	च	प	ट	उ	श	ल	ह	भ	म

चारा
नाव
गिल्स
हुक
रसोइया
पानी
अतिशयोक्ति
उपकरण
तार
नदी
झील
जबड़ा
सागर
टोकरी
धैर्य
समुद्र तट
वजन
ऋतु

90 - Activités et Loisirs

ड	ल	म	म	ब	◌े	स	ब	◌ॉ	ल	ढ	ट	प	ड
ड	ढ	छ	◌ु	ड	◌ा	इ	व	◌ि	◌ं	ग	◌े	य	◌े
व	न	ल	क	स	आ	स	ऊ	द	आ	च	न	◌ा	र
च	ब	◌ी	◌्	र	र	ह	◌्	व	व	स	◌ि	त	◌ा
ञ	ष	प	क	ल	◌ा	◌्	ढ	क	ठ	प	स	◌्	ड
ष	ञ	क	◌े	ञ	म	ध	फ	च	◌े	ए	य	र	◌ा
ख	र	ड	ब	उ	ड	ष	प	◌ि	र	ट	स	◌ा	ल
ष	ट	◌़	◌ा	ग	ष	ए	ट	त	◌ं	र	ब	छ	न
ह	आ	न	ज	स	ब	ब	ल	◌्	ठ	ग	ड	◌ॉ	◌ा
ख	द	◌े	◌ी	ट	म	त	◌ै	र	◌ा	क	◌ी	आ	ल
व	◌ॉ	ल	◌ी	ब	◌ॉ	ल	र	क	स	ऊ	म	फ	त
ग	◌ो	ल	◌्	फ	छ	ह	ड	◌ा	ष	श	भ	य	छ
श	प	ञ	ख	र	◌ी	द	◌ा	र	◌ी	ग	◌ौ	उ	फ
ल	श	ब	◌ा	ग	व	◌ा	न	◌ी	ख	प	ख	क	छ

खरीदारी
कला
बेसबॉल
बास्केटबॉल
मुक्केबाजी
डेरा डालना
गोल्फ
बागवानी
तैराकी

शौक
चित्रकारी
मछली पकड़ने
डाइविंग
आराम
सर्फिंग
टेनिस
वॉलीबॉल
यात्रा

91 - Livres

ऐ	थ	द	ञ	व	थ	ल	◌े	ख	क	म	स	ट	द
उ	त	ण	◌्	ख	घ	ख	ष	ण	थ	ह	◌ा	उ	◌ु
फ	र	◌ि	उ	व	फ	ए	प	ब	◌ा	◌ा	ह	प	ख
ग	उ	व	ह	प	◌ं	ण	◌ृ	ध	व	क	स	न	द
ल	स	आ	ख	◌ा	द	द	ष	च	◌ा	◌ा	◌ि	◌्	त
उ	ष	न	ञ	ठ	स	उ	◌्	उ	च	व	क	य	व
घ	ञ	ग	श	क	◌ं	◌ि	ठ	व	क	◌्	ए	◌ा	आ
ख	य	म	ए	ध	ग	ञ	क	ध	थ	य	ढ	स	ठ
र	आ	व	◌ि	ष	◌्	क	◌ा	र	श	◌ी	ल	◌ं	त
ध	थ	क	प	◌्	र	◌ा	स	◌ं	ग	◌ि	क	द	थ
च	इ	ह	व	म	ह	ल	◌ि	ख	◌ि	त	म	र	ल
ण	स	◌ा	ह	◌ि	त	◌्	य	◌ि	क	ष	ञ	◌्	ह
आ	छ	न	ञ	द	त	व	◌ि	न	◌ो	द	◌ी	भ	ध
ब	ञ	◌ी	प	ड	ल	◌ा	श	◌ृ	◌ं	ख	ल	◌ा	ढ

लेखक
साहसिक
संग्रह
संदर्भ
द्वंद्व
लिखित
महाकाव्य
कहानी
ऐतिहासिक
विनोदी
आविष्कारशील
पाठक
साहित्यिक
कथावाचक
पृष्ठ
प्रासंगिक
कविता
उपन्यास
शृंखला
दुखद

92 - Pays #2

फ	य	ठ	स	ी	र	ि	य	ा	छ	फ	म	स	ड
उ	न	ध	द	ढ	य	श	स	स	ह	ै	त	ी	े
ख	ऊ	ह	ल	ञ	थ	ु	त	ो	ध	ए	ध	ण	न
इ	ह	च	ठ	प	ज	ख	ग	म	च	ी	न	ह	म
न	ं	फ	्	र	ा	ं	स	ा	ज	म	ै	क	ा
ग	ध	ड	ख	ञ	प	ठ	ण	ल	ं	ड	ख	आ	र
ट	द	त	ो	ठ	ा	ष	स	ि	ल	ड	र	च	्
आ	व	छ	व	न	न	उ	छ	य	े	ड	ा	ू	क
य	आ	ब	ब	ण	े	स	ग	ा	ब	ग	भ	श	स
र	ष	ह	ट	आ	न	श	क	े	न	्	य	ा	ू
ल	ा	ओ	स	ल	ख	ध	ि	ण	ा	व	द	म	ड
ै	य	ू	क	्	र	े	न	य	न	उ	आ	ठ	ा
ं	म	े	क	्	स	ि	क	ो	ा	च	ग	थ	न
ड	ञ	भ	प	ा	क	ि	स	्	त	ा	न	ऊ	य

चीन
डेनमार्क
फ्रांस
हैती
इंडोनेशिया
आयरलैंड
जमैका
जापान
केन्या
लाओस
लेबनान
मेक्सिको
युगांडा
पाकिस्तान
रूस
सोमालिया
सूडान
सीरिया
यूक्रेन

93 - Fournitures d'Art

त	न	व	फ	उ	प	च	र	ऊ	ग	ठ	प	ब	स
ध	ट	स	घ	स	ह	प	◌ं	ग	◌ो	त	◌े	न	फ
प	◌े	◌ं	ट	◌्	र	◌े	ग	ठ	◌ं	भ	◌ं	छ	व
◌ा	इ	ट	ब	य	ल	स	फ	भ	द	छ	स	र	श
न	र	च	न	◌ा	त	◌्	म	क	त	◌ा	◌ि	ह	ल
◌ी	थ	ठ	ग	ह	ग	ट	◌े	ब	ल	ष	ल	क	ह
च	उ	ढ	थ	◌ी	र	ल	ञ	म	ह	इ	च	◌ु	य
व	◌ि	ए	क	◌्	र	◌ि	ल	◌ि	क	म	ज	र	थ
भ	◌ि	त	ब	◌्	र	श	ठ	ल	◌ा	◌ि	ल	◌्	छ
ढ	ब	च	◌्	त	व	ण	ष	म	ग	ट	र	स	इ
न	ऊ	ञ	◌ा	र	ड	ढ	र	ढ	ज	◌्	◌ं	◌ी	र
त	न	भ	ढ	र	फ	ड	र	ब	द	ट	ग	ए	उ
त	◌े	ल	त	ऊ	◌ो	ल	द	श	ड	◌ी	छ	ह	श
क	◌ै	म	र	◌ा	ख	◌ं	क	श	ष	◌़	म	प	ऊ

एक्रेलिक
जल रंग
मिट्टी
ब्रश
कैमरा
कुर्सी
चित्रफलक
गोंद
रंग
पेंसिल

रचनात्मकता
पानी
स्याही
रबड़
तेल
विचारों
कागज
पेस्टल
पेंट
टेबल

94 - Jouets

आ	ग	फ	न	च	द	न	न	र	फ	प	श	प	आ
ष	ध	ढ	व	छ	व	श	◌ा	ऊ	ए	त	त	◌ु	फ
ब	स	श	◌ि	ल	◌्	प	व	इ	भ	◌ं	र	स	ष
इ	◌ा	ऊ	म	ह	प	ह	त	ढ	ष	ग	◌ं	◌्	थ
ष	इ	भ	◌ा	ड	ख	◌े	ल	ठ	ञ	ऊ	ज	त	भ
ए	क	व	न	ढ	घ	ल	भ	स	ख	इ	ढ	क	र
म	◌ि	ट	◌्	ट	◌ी	◌ी	त	म	ट	◌्	र	◌े	न
ख	ल	ग	क	◌ा	र	ग	म	ध	द	◌्	द	◌ं	भ
म	थ	◌ु	ल	म	उ	ड	◌े	र	ह	घ	र	इ	ग
ट	द	ड	◌्	र	म	फ	व	◌ं	य	ड	◌ो	क	ञ
द	ठ	◌़	प	◌्	र	◌ि	य	घ	द	ञ	ब	ध	न
म	थ	◌ि	न	ल	ग	प	ट	ढ	ढ	म	◌ो	ढ	त
उ	व	य	◌ा	ह	न	ए	ख	ट	ञ	ऊ	ट	ख	प
ड	आ	◌ा	प	◌े	◌ं	ट	ऊ	थ	ट	म	आ	स	स

मिट्टी
शिल्प
विमान
गेंद
नाव
ट्रक
पतंग
शतरंज
प्रिय
कल्पना
खेल
पुस्तकें
पेंट
गुड़िया
पहेली
रोबोट
ड्रम
ट्रेन
साइकिल
कार

95 - Eau

र	भ	ब	छ	आ	ण	उ	आ	आ	र	ध	त	फ	ब
ऊ	फ	◌ा	ध	म	ख	उ	ञ	म	ह	आ	◌ू	त	◌ौ
आ	श	ढ	◌ा	ड	छ	ऊ	र	न	र	ठ	फ	ण	छ
भ	न	◌़	र	ण	थ	ञ	व	र	◌्	ष	◌ा	छ	◌ा
ख	ए	भ	◌ा	प	स	त	◌ा	र	व	ए	न	म	र
छ	ग	य	ठ	छ	ह	उ	ष	त	ट	प	म	द	झ
भ	ह	ख	म	र	घ	ह	◌्	प	ख	ट	◌ी	श	◌ी
ण	ष	भ	य	ब	म	म	प	ह	श	ठ	ह	थ	ल
ह	य	स	ब	उ	छ	◌ा	◌ी	ह	ट	भ	आ	र	थ
ष	ब	◌ि	र	घ	ऊ	न	क	न	ल	श	द	ड	प
स	म	◌ं	◌्	ध	ड	स	र	इ	ह	इ	ष	आ	थ
◌ा	स	च	फ	म	आ	◌ू	ण	ब	र	र	ठ	ए	म
ग	र	◌ा	इ	ख	भ	न	ए	ग	◌ें	त	फ	◌ं	ष
र	म	ई	न	फ	ठ	र	फ	म	◌ं	थ	घ	त	ढ

नहर
बौछार
वाष्पीकरण
नदी
धारा
ठंढ
बर्फ
नम
नमी
बाढ़
सिंचाई
झील
मानसून
सागर
तूफान
वर्षा
लथपथ
लहरें
भाप

96 - Paysages

उ	द	प	स	ञ	छ	य	द	ह	घ	आ	ह	म	ब
म	घ	◌्	ड	उ	ऊ	आ	ञ	ल	ठ	◌ा	द	ग	ष
द	ल	र	व	प	ह	◌ा	ड	◌़	द	ग	ट	झ	घ
ण	छ	◌ा	र	◌ी	म	न	ञ	द	घ	ल	◌ु	◌ी	थ
इ	ए	य	प	र	प	ह	◌ा	ड	◌़	◌ी	◌ं	ल	फ
ह	घ	द	ग	ल	म	उ	ट	स	ग	आ	ड	त	ष
छ	ज	◌्	व	◌ा	ल	◌ा	म	◌ु	ख	◌ी	◌्	म	भ
ण	न	व	ब	ऊ	फ	स	म	◌ु	द	◌्	र	त	ट
आ	ध	◌ी	छ	च	झ	व	ब	ष	ञ	न	◌ा	त	त
च	भ	प	ट	म	र	◌ू	द	◌्	य	◌ा	न	ञ	ल
स	◌ा	ग	र	ष	न	द	◌ी	ट	थ	ग	◌ु	फ	◌ा
ट	ह	म	◌ु	ह	◌ा	न	◌ा	ह	◌ि	म	ख	◌ं	ड
स	म	◌ु	द	◌्	र	◌े	ग	◌ि	स	◌्	त	◌ा	न
ग	◌्	ल	◌े	श	◌ि	य	र	ड	य	फ	च	ख	ह

झरना
पहाड़ी
रेगिस्तान
मुहाना
नदी
ग्लेशियर
गुफा
हिमखंड
द्वीप
झील
दलदल
समुद्र
पहाड़
मरूद्यान
सागर
प्रायद्वीप
समुद्र तट
टुंड्रा
घाटी
ज्वालामुखी

97 - Nombres

स	ठ	ठ	त	ट	प	ऊ	भ	प	त	ड	ड	ढ	उ
ण	ट	श	ढ	◌ी	उ	◌ा	ट	ख	◌े	ञ	ए	द	च
व	ब	म	ल	श	न	◌ौ	◌ं	र	र	छ	च	स	ठ
स	◌ा	त	य	ञ	◌्	म	फ	च	ह	इ	◌ा	म	ल
ढ	र	ऊ	श	◌ू	न	◌्	य	घ	व	र	र	छ	ह
फ	ह	त	ण	भ	◌ी	ष	थ	च	◌ौ	द	ह	ए	आ
ख	ञ	व	ट	ण	स	त	◌्	र	ह	श	ख	व	ठ
प	इ	ह	ड	प	द	ए	ऊ	र	ठ	म	व	ग	ब
ध	उ	स	ब	य	◌ं	घ	श	अ	न	ल	म	ब	ख
छ	न	घ	छ	छ	थ	द	ऊ	ठ	ण	व	च	न	ट
च	म	स	म	ए	स	स	◌्	◌ा	व	ढ	ऊ	इ	थ
ख	द	◌ो	ब	उ	ब	◌ी	स	र	ट	आ	आ	ठ	ए
ऊ	ड	ल	ठ	फ	थ	च	ड	ह	ह	ए	इ	ब	ह
च	थ	ह	म	ण	म	ण	ब	य	ल	ख	ल	इ	ड

पांच
दो
दशमलव
दस
अठारह
उन्नीस
सत्रह
बारह
आठ
नौ
चौदह
चार
पंद्रह
सोलह
सात
छह
तेरह
तीन
बीस
शून्य

98 - Nature

स	म	ज	ग	म	ह	त	◌्	व	प	◌ू	र	◌्	ण
ञ	ध	◌ा	न	◌्	न	ठ	ध	म	प	घ	च	त	प
छ	◌ु	न	ट	उ	ल	त	ष	ल	स	उ	ष	श	ठ
क	म	व	न	ष	र	◌े	ग	◌ि	स	◌्	त	◌ा	न
ट	क	र	◌ि	◌्	ठ	ल	श	ब	ए	ए	ज	◌ं	आ
◌ा	◌्	◌ो	र	ण	ऊ	प	त	◌ि	◌ा	ल	◌ं	त	र
व	ख	◌ं	◌्	क	उ	श	त	प	य	द	ग	◌ि	◌्
न	◌ि	म	म	ट	छ	उ	ऊ	◌्	ह	र	ल	प	क
द	य	ट	ल	◌ि	म	प	इ	फ	त	द	◌ी	◌ू	ट
◌ी	◌ो	ख	न	ब	क	◌ो	ह	र	◌ा	◌े	ख	र	◌ि
ध	◌ं	ढ	ल	◌ं	आ	श	◌्	र	य	द	ण	◌्	क
घ	ख	भ	भ	ध	स	◌ु	◌ं	द	र	त	◌ा	ण	उ
ग	त	◌ि	श	◌ी	ल	अ	भ	य	◌ा	र	ण	◌्	य
ण	भ	ट	ट	य	थ	त	व	ढ	द	ठ	ष	ऊ	उ

मधुमाक्खियों
आश्रय
जानवरों
आर्कटिक
सुंदरता
कोहरा
रेगिस्तान
गतिशील
कटाव
पत्ते
नदी
वन
ग्लेशियर
बादल
शांतिपूर्ण
अभयारण्य
जंगली
निर्मल
उष्णकटिबंधीय
महत्वपूर्ण

99 - Bateaux

स	म	◌ु	द	◌्	र	स	घ	ल	आ	ए	य	ण	व
◌ा	◌े	र	स	◌्	स	◌ी	ज	आ	झ	छ	व	ग	प
ग	थ	ल	स	म	◌ु	द	◌्	र	◌ी	च	य	ब	ठ
र	र	ह	ब	ग	फ	न	व	फ	ल	इ	फ	ल	त
ब	ह	र	न	◌ो	ह	◌ौ	◌ा	ड	◌ो	◌ं	ग	◌ी	ल
फ	ब	◌े	द	द	ट	क	र	व	ट	ज	आ	म	◌ं
ग	थ	◌ं	◌ी	◌ी	ट	◌ा	घ	त	◌ि	न	ए	स	ग
ष	ष	म	ल	ऊ	क	श	◌्	त	◌ी	क	म	◌्	र
द	ढ	फ	थ	व	◌्	न	भ	म	र	ग	ठ	त	ड
व	ढ	ड	ड	प	र	घ	न	ब	◌ो	य	◌ा	◌ू	फ
ट	घ	व	ध	व	◌ू	त	न	ब	◌े	ष	ड	ल	ठ
प	ढ	म	इ	छ	थ	स	ब	श	इ	ड	ग	ख	ग
ग	ल	ष	य	ण	आ	प	ख	ञ	प	ञ	◌़	स	फ
ब	भ	ग	ग	ट	ह	त	ड	ब	द	भ	ए	◌ा	उ

लंगर
बोया
डोंगी
रस्सी
गोदी
क्रू
नदी
कश्ती
झील
ज्वार
नाविक
मस्तूल
समुद्र
इंजन
समुद्री
सागर
बेड़ा
लहरें
सेलबोट
नौका

100 - Mesures

ञ	ण	प	क	◌ि	ल	◌ो	ग	◌्	र	◌ा	म	ध	च
स	आ	ड	◌ि	ग	◌्	र	◌ी	ए	ख	ख	स	ढ	घ
उ	य	ह	ल	ल	औ	आ	ण	व	ञ	उ	म	ग	र
ड	त	च	◌ो	ब	◌ं	च	◌ौ	ड	◌़	◌ा	ई	ठ	इ
ल	न	ख	म	◌ा	स	त	न	उ	ख	द	ञ	ए	◌ं
न	◌ी	म	◌ी	ट	र	द	द	र	व	व	ण	ढ	च
थ	ब	ट	ट	ट	इ	आ	फ	ष	ट	ऊ	ढ	ग	य
उ	ञ	ढ	र	न	न	घ	ष	ण	ब	य	ग	च	ए
ल	ऊ	ल	श	ष	ब	ढ	ञ	ध	च	ए	ह	थ	ढ
द	◌ं	◌ं	य	च	◌ा	स	फ	द	थ	ट	र	उ	व
उ	च	ब	म	म	इ	ध	छ	ड	श	च	◌ा	ए	ज
फ	◌ा	◌ा	म	◌ि	ट	ग	◌्	र	◌ा	म	ई	इ	न
य	ई	ई	ट	न	आ	प	प	ञ	ट	प	ल	ठ	ऊ
ष	स	◌े	◌ं	ट	◌ी	म	◌ी	ट	र	न	इ	व	उ

सेंटीमीटर
डिग्री
दशमलव
ग्राम
ऊंचाई
किलोग्राम
किलोमीटर
चौड़ाई
लीटर
लंबाई
मास
मीटर
मिनट
बाइट
औंस
वजन
इंच
गहराई
टन
आयतन

1 - Été

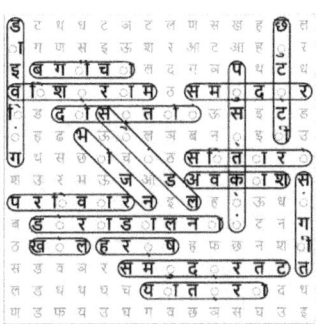

2 - Adjectifs #2

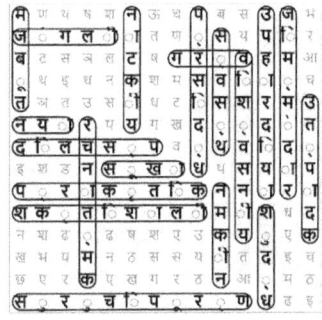

3 - Exploration

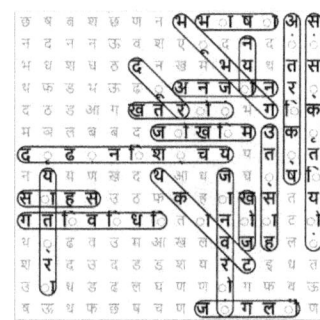

4 - Formes

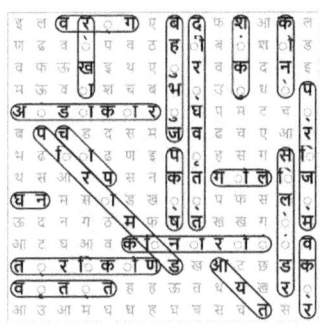

5 - Salle de Bains

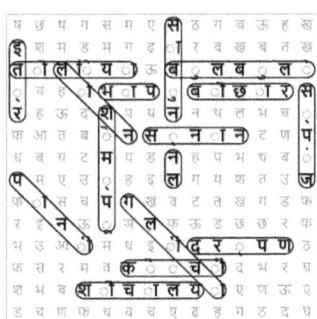

6 - Adjectifs #1

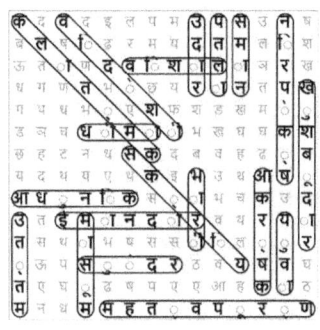

7 - Instruments de Musique

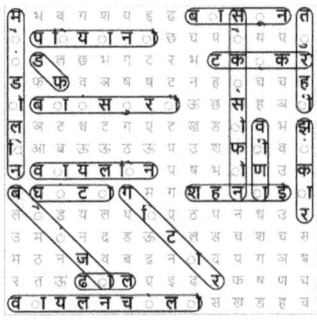

8 - Échecs

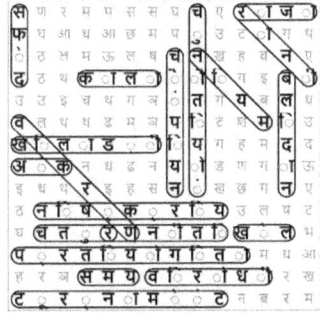

9 - Herboristerie

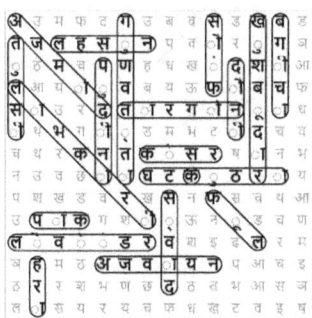

10 - Véhicules

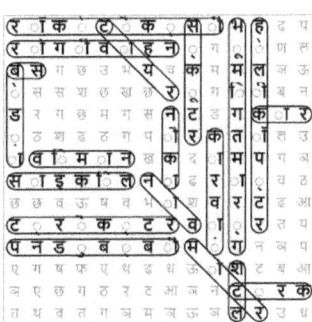

11 - Camping

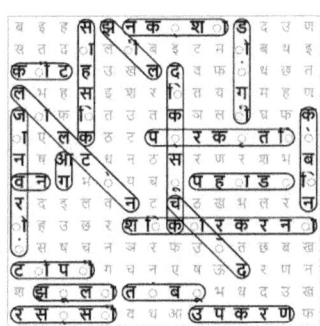

12 - Écologie

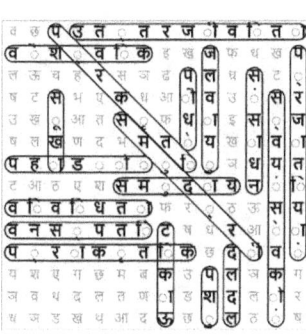

13 - Astronomie

14 - Types de Cheveux

15 - Restaurant #1

16 - Mammifères

17 - Sports

18 - Chocolat

19 - Mathématiques

20 - Mythologie

21 - Restaurant #2

22 - Avions

23 - Aventure

24 - Ville

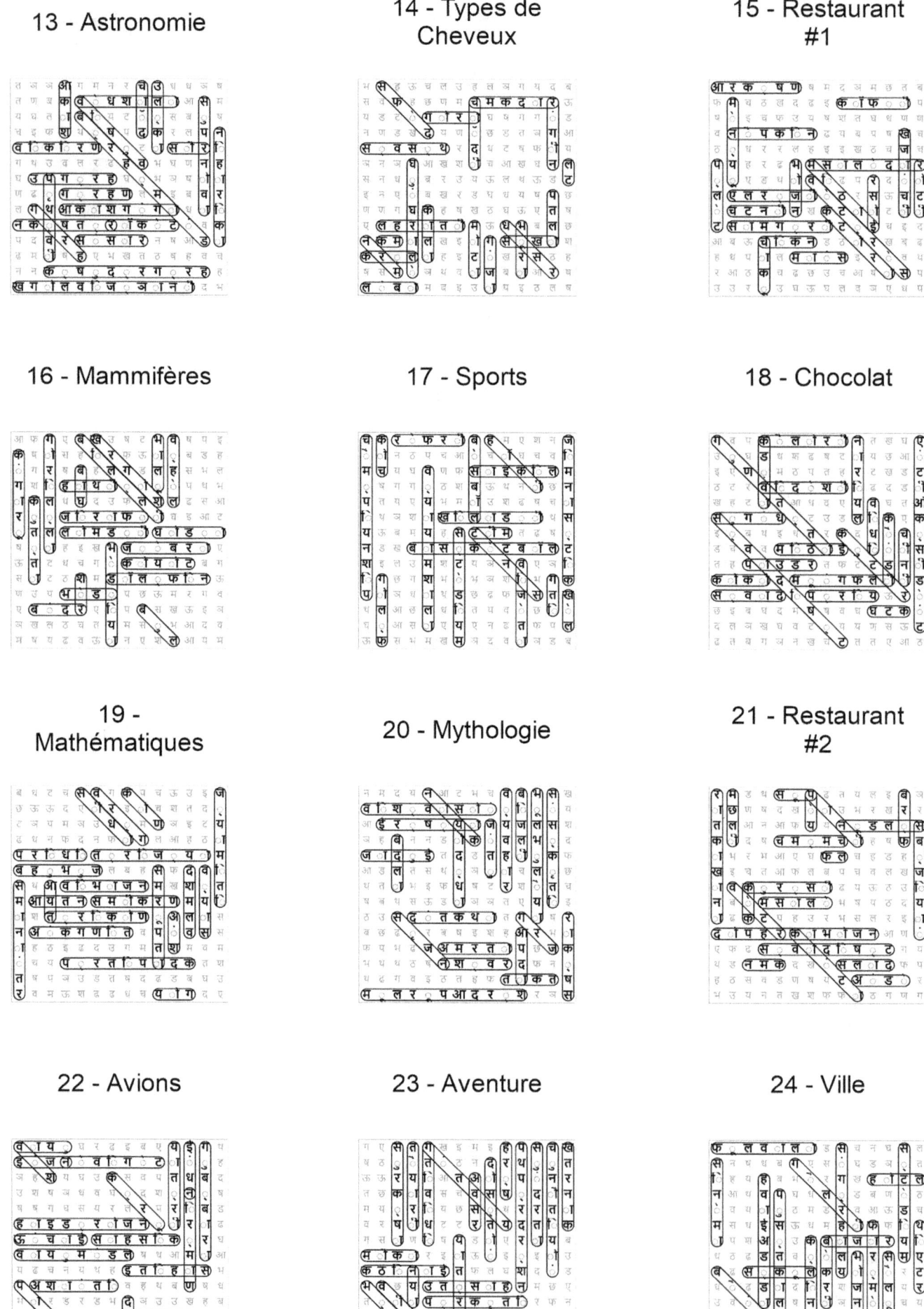

25 - Cuisine

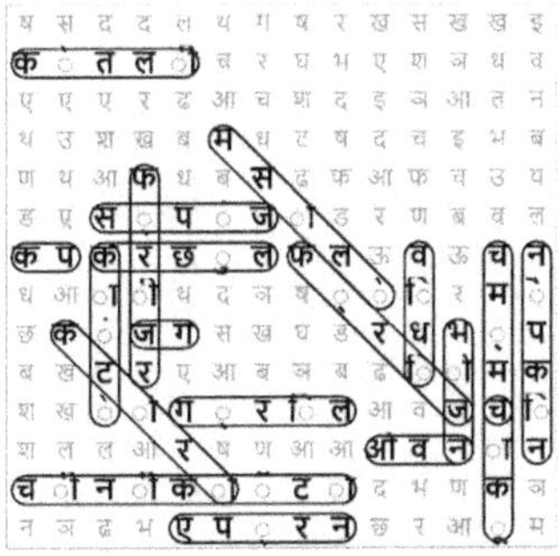

26 - Gentillesse

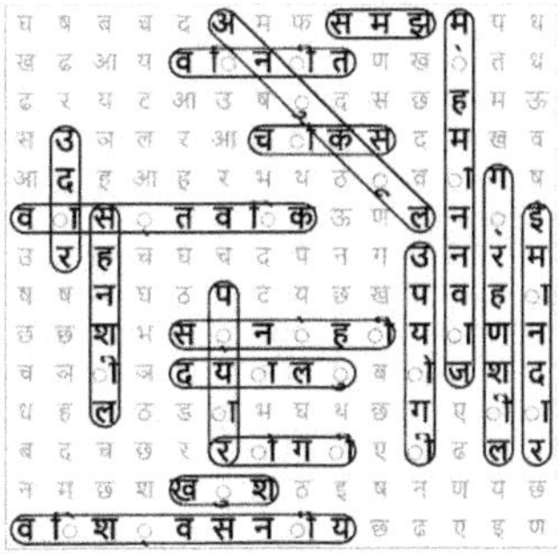

27 - Corps Humain

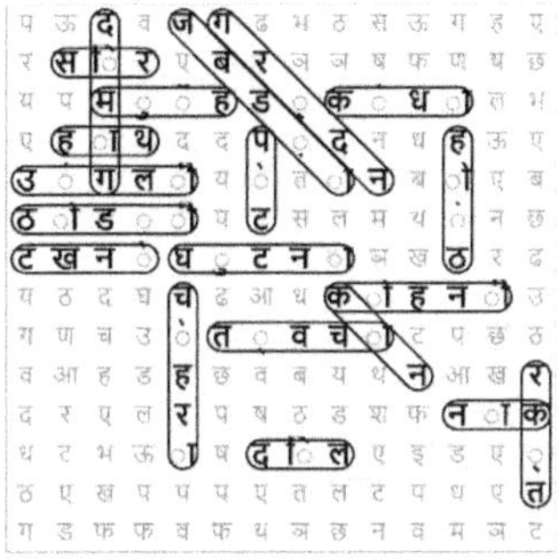

28 - Épices

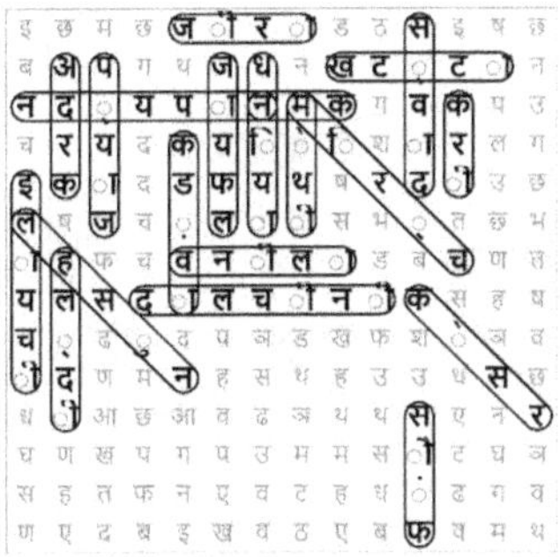

29 - Science

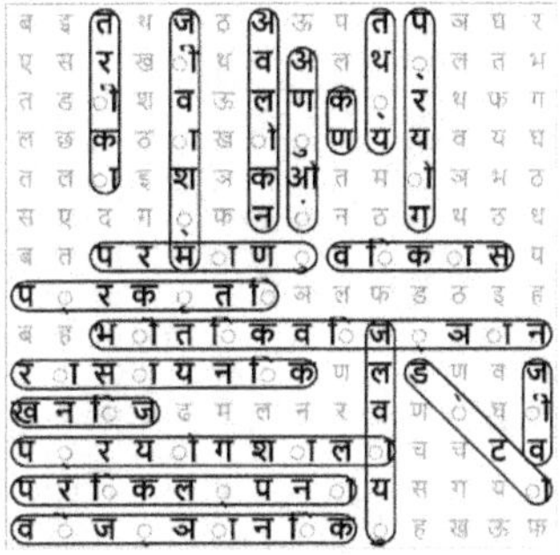

30 - Chats

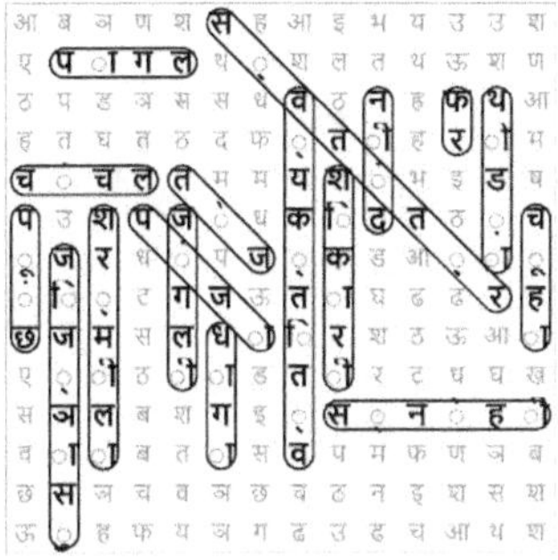

31 - Vêtements

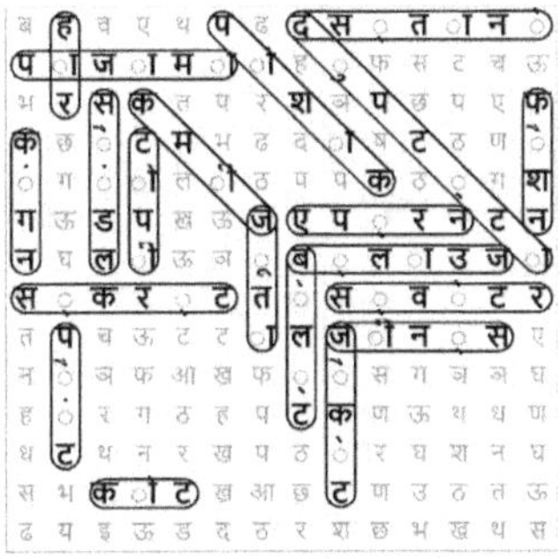

32 - Arts Visuels

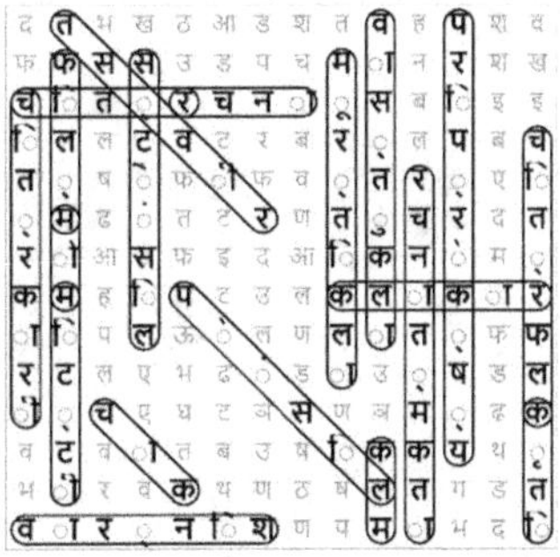

33 - Méditation

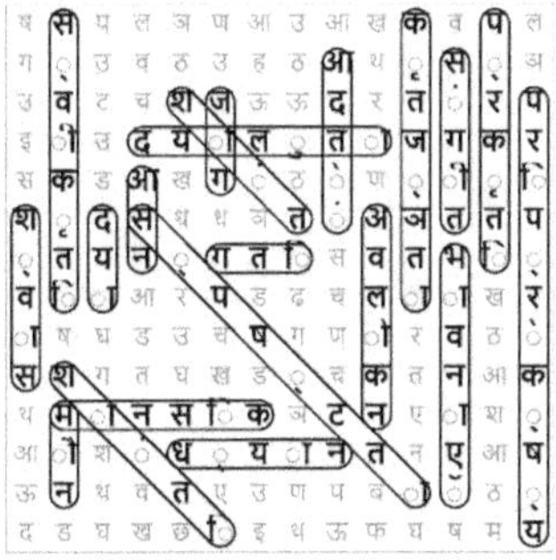

34 - Littérature

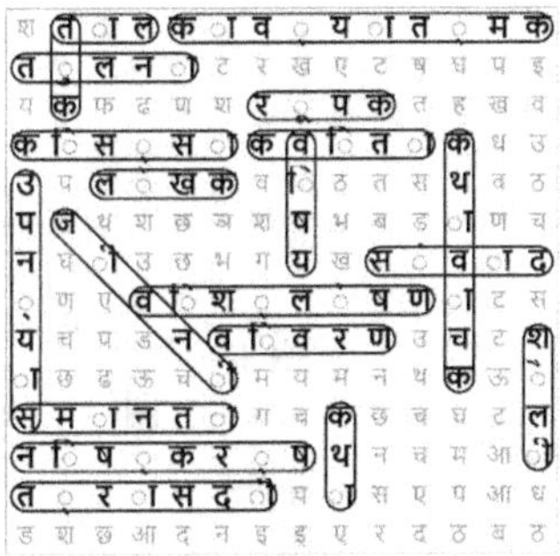

35 - Nourriture #1

36 - Jours et Mois

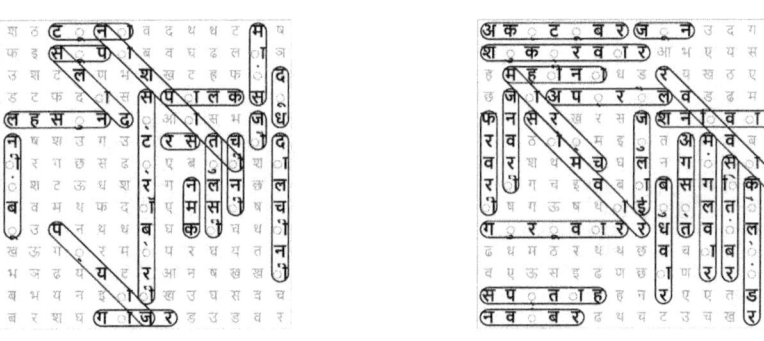

37 - Championnat

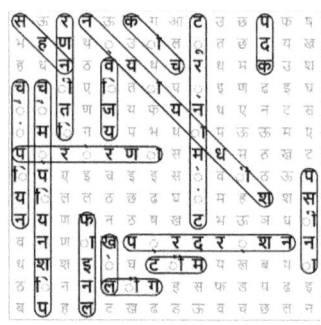

38 - Pirates

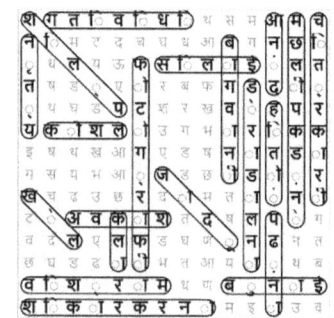

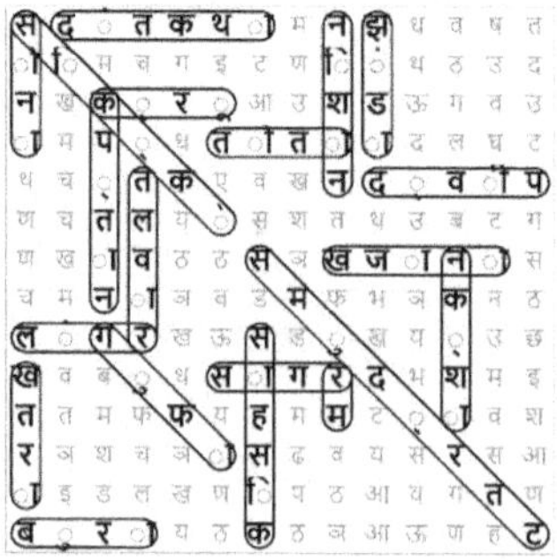

39 - Activités

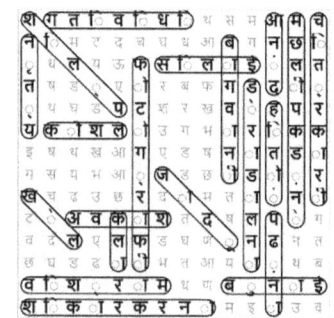

40 - Fleurs

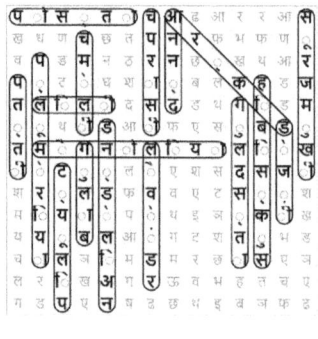

41 - Nourriture #2

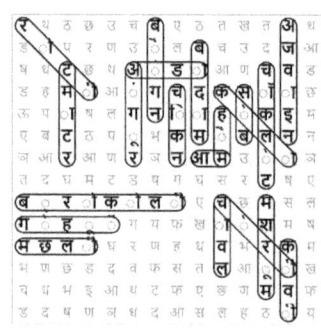

42 - Océan

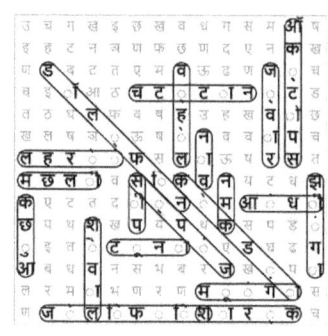

43 - Remplir

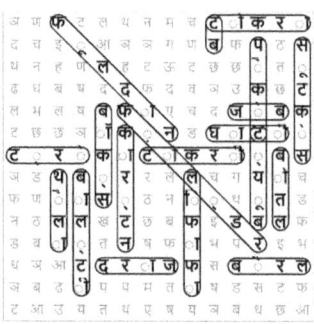

44 - Ballet

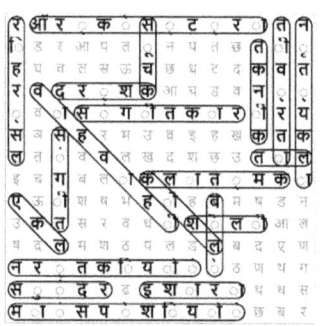

45 - Fruit

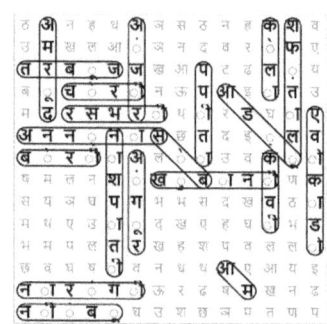

46 - Surf

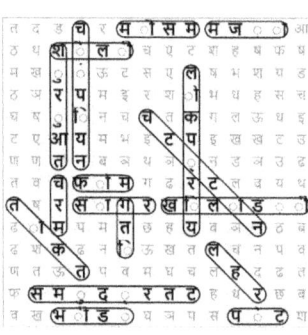

47 - Technologie

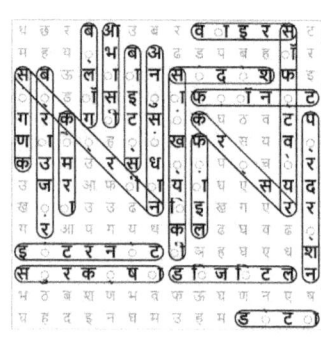

48 - Comédie

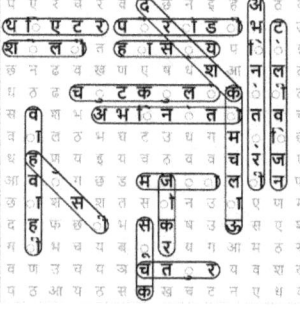

49 - Météo

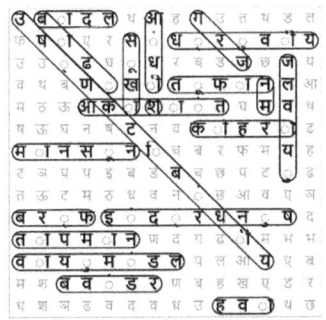

50 - Châteaux

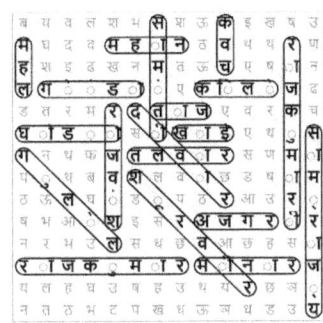

51 - Randonnée

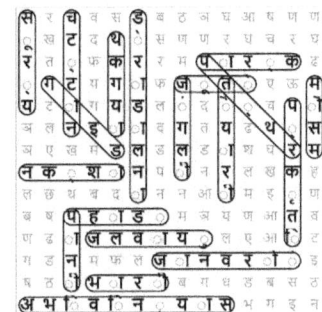

52 - Meubles

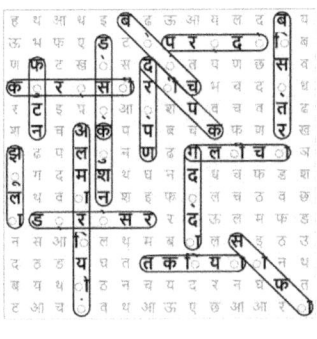

53 - Art

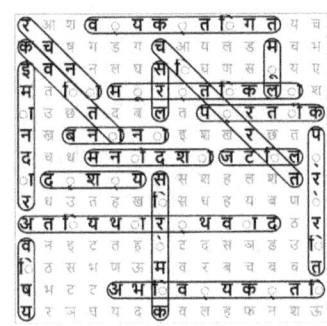

54 - Nutrition

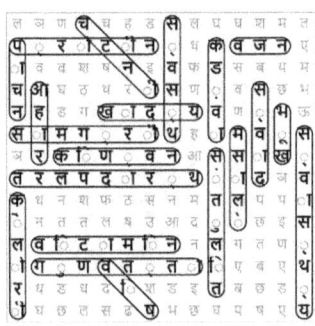

55 - Science Fiction

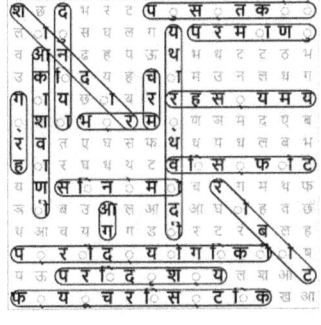

56 - Vertus #1

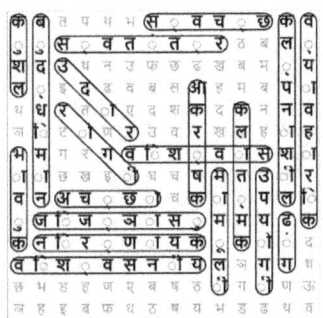

57 - Professions #1

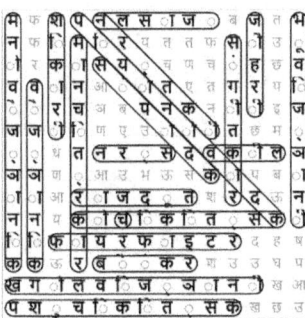

58 - Géologie

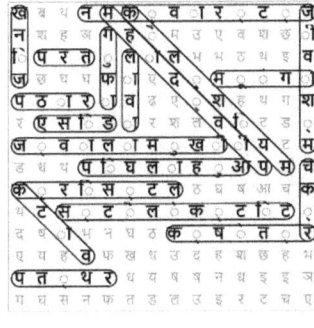

59 - Cirque

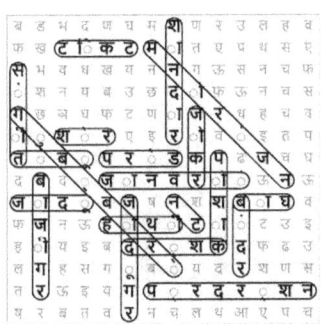

60 - Jardin

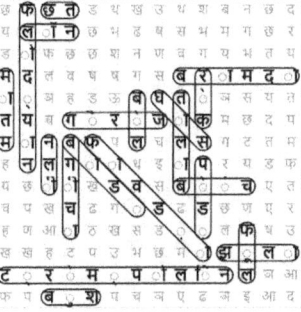

61 - Barbecues

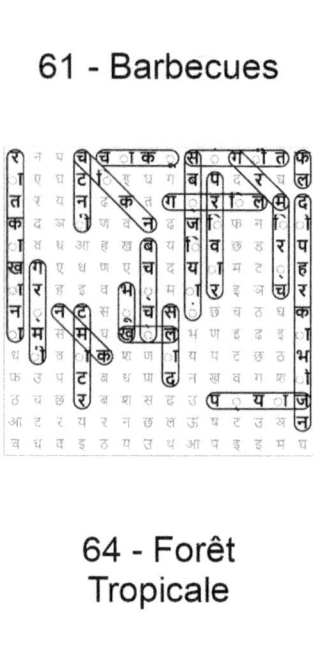

62 - Anniversaire

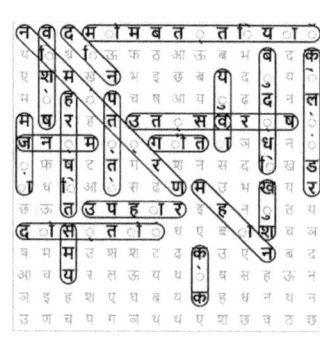

63 - Animaux de Compagnie

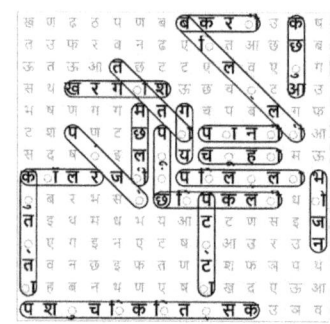

64 - Forêt Tropicale

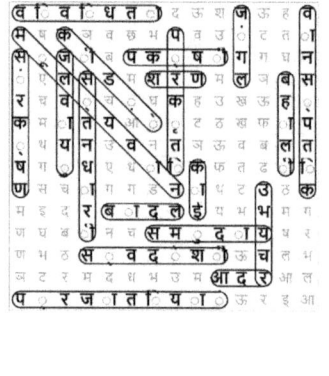

65 - Insectes

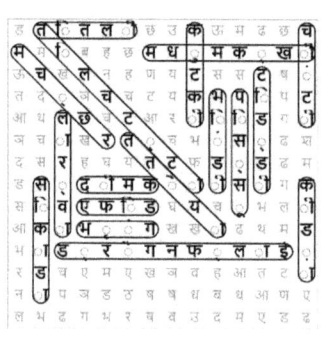

66 - Ferme #1

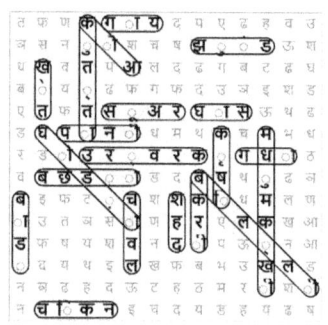

67 - Escalade

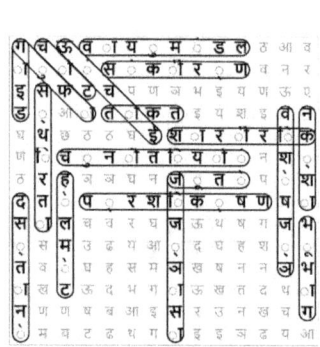

68 - École #2

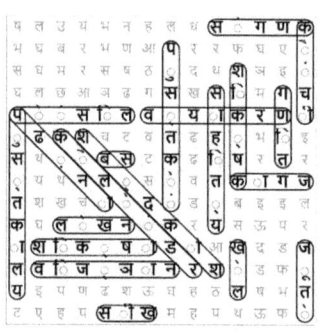

69 - Antarctique

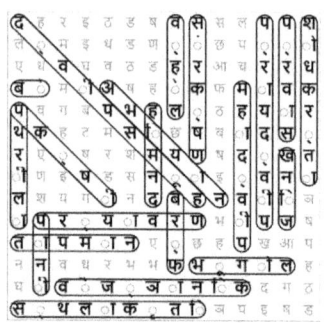

70 - Professions #2

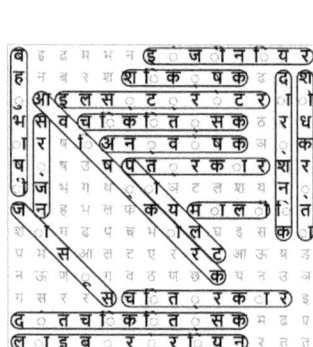

71 - Les Abeilles

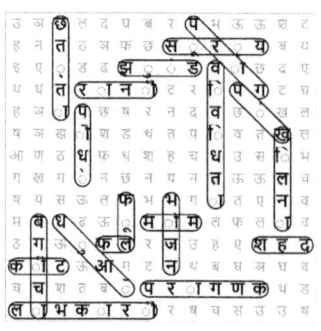

72 - Dinosaures

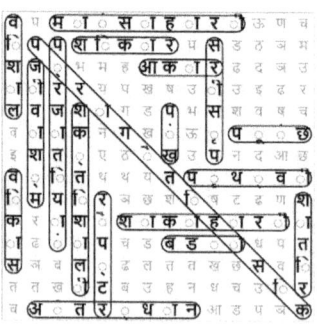

73 - Conduite

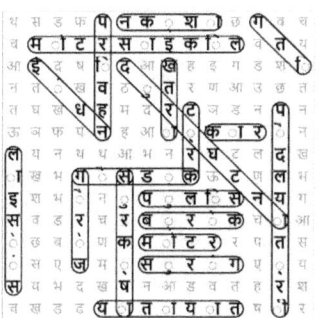

74 - Plantes

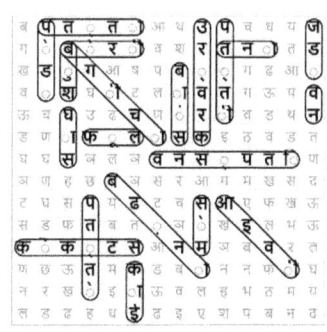

75 - Ferme #2

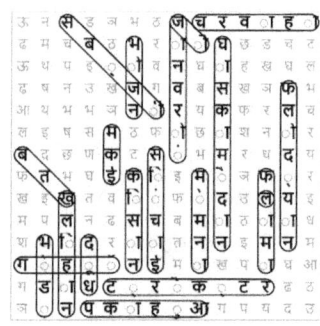

76 - École #1

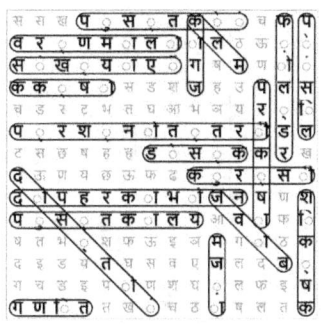

77 - Vacances #2

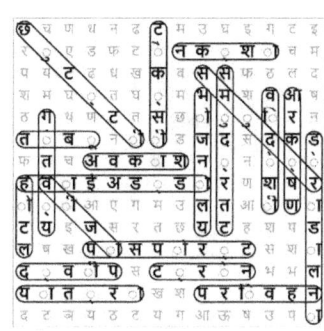

78 - Temps

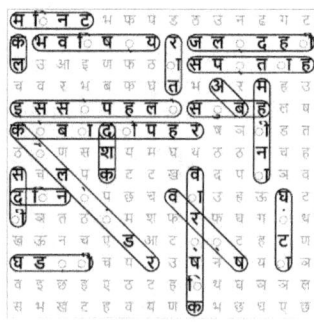

79 - Maison

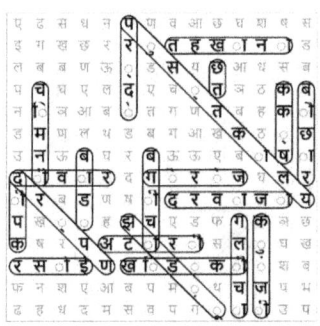

80 - Légumes

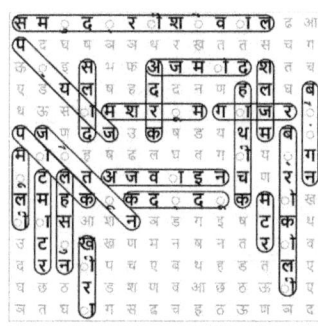

81 - Plage

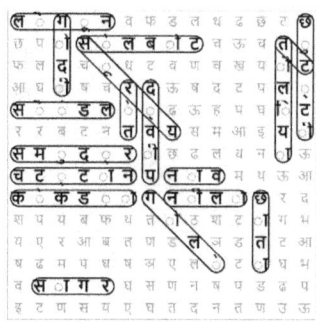

82 - Famille

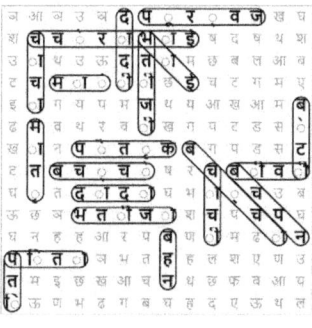

83 - Oiseaux

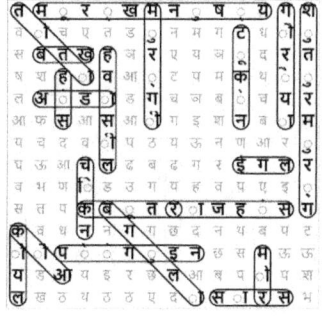

84 - Disciplines Scientifiques

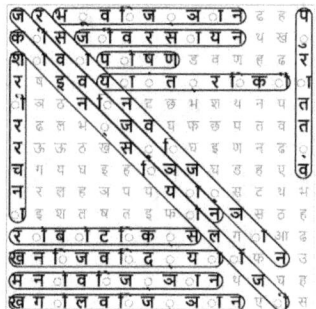

85 - Émotions

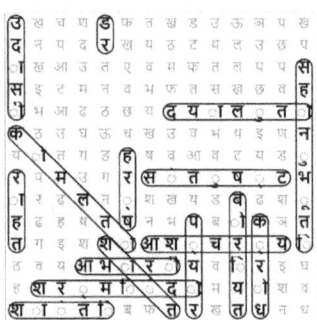

86 - Géographie

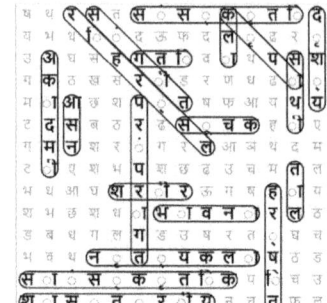

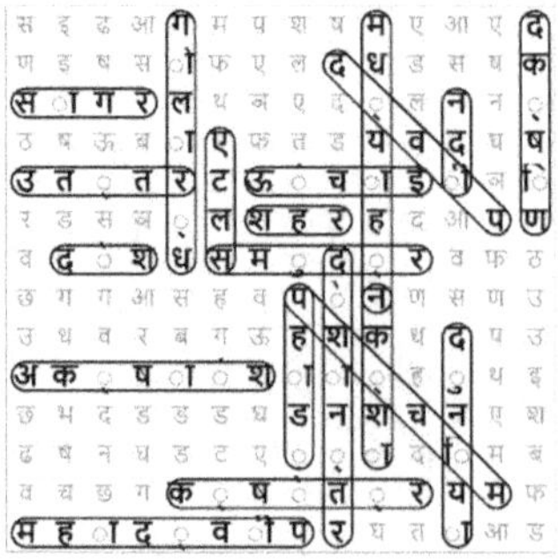

87 - Danse

88 - Bâtiments

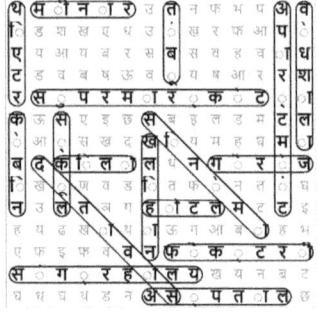

89 - Pêche

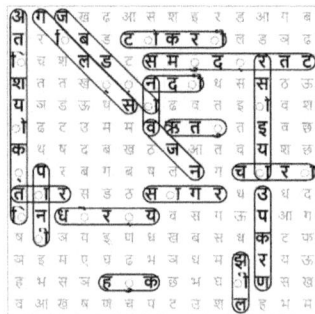

90 - Activités et Loisirs

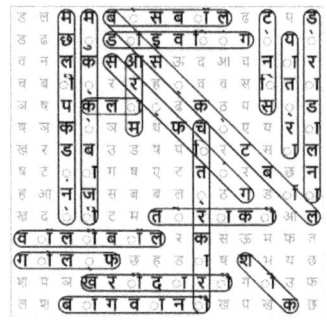

91 - Livres

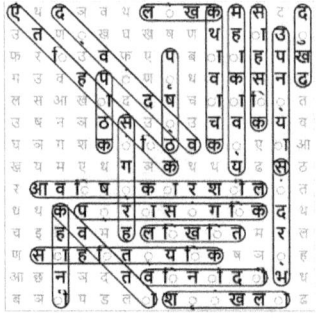

92 - Pays #2

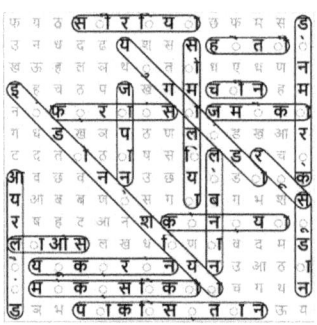

93 - Fournitures d'Art

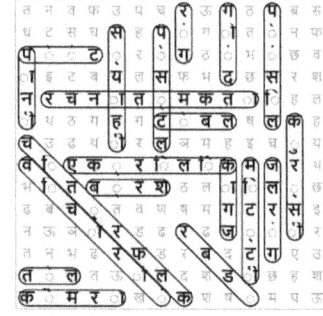

94 - Jouets

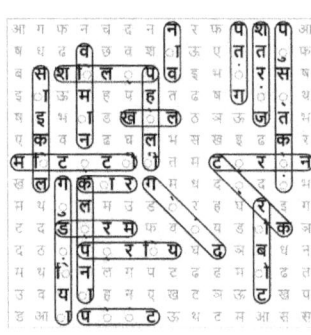

95 - Eau

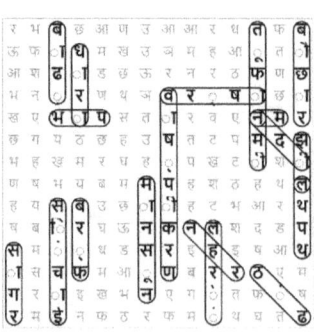

96 - Paysages

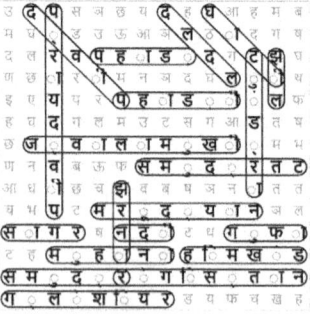

97 - Nombres

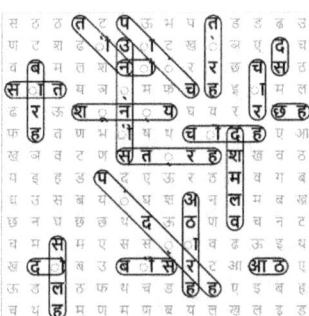

98 - Nature

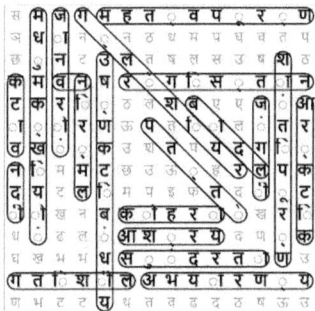

99 - Bateaux

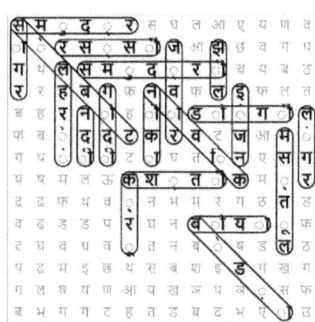

100 - Mesures

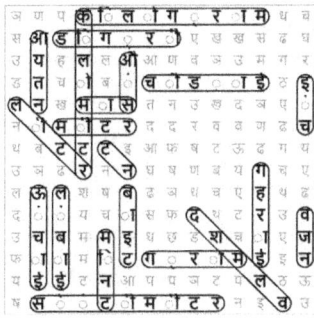

Dictionnaire

Activités
गतविधियाँ

Activité	गतविधि
Art	कला
Artisanat	शलि्प
Camping	डेरा डालना
Chasse	शकिार करना
Compétence	कौशल
Couture	सलिाई
Danse	नृत्य
Intérêts	हतिों
Jardinage	बागवानी
Jeux	खेल
Lecture	पढ़ना
Loisir	अवकाश
Magie	जादू
Peinture	चति्रकारी
Pêche	मछली पकड़ने
Photographie	फोटोग्राफी
Plaisir	आनंद
Relaxation	वश्रिाम
Tricot	बुनाई

Activités et Loisirs
गतविधियाँ और अवकाश

Achats	खरीदारी
Art	कला
Base-Ball	बेसबॉल
Basket-Ball	बास्केटबॉल
Boxe	मुक्केबाजी
Camping	डेरा डालना
Golf	गोल्फ
Jardinage	बागवानी
Nager	तैराकी
Passe-Temps	शौक
Peinture	चति्रकारी
Pêche	मछली पकड़ने
Plongée	डाइवगि
Relaxant	आराम
Surf	सर्फगि
Tennis	टेनसि
Volley-Ball	वॉलीबॉल
Voyage	यात्रा

Adjectifs #1
वशिषण #1

Absolu	नरिपेक्ष
Actif	सक्रयि
Ambitieux	महत्वाकांक्षी
Aromatique	खुशबूदार
Artistique	कलात्मक
Attractif	आकर्षक
Beau	सुंदर
Exotique	वदिशी
Énorme	वशिाल
Généreux	उदार
Honnête	ईमानदार
Identique	समान
Important	महत्वपूर्ण
Innocent	मासूम
Jeune	युवा
Lent	धीमा
Lourd	भारी
Mince	पतला
Moderne	आधुनकि
Parfait	उत्तम

Adjectifs #2
वशिषण #2

Authentique	वश्विसनीय
Célèbre	प्रसद्धि
Créatif	रचनात्मक
Descriptif	वर्णनात्मक
Doué	उपहार दयि
Dramatique	नाटकीय
Élégant	सुरुचपूिर्ण
Fier	गर्व
Fort	मजबूत
Intéressant	दलिचस्प
Naturel	प्राकृतकि
Nouveau	नया
Productif	उत्पादक
Puissant	शक्तशिाली
Pur	शुद्ध
Responsable	जम्मिेदार
Sain	स्वस्थ
Salé	नमकीन
Sauvage	जंगली
Sec	सूखा

Animaux de Compagnie
पालतू जानवर

Chat	बलि्ली
Chèvre	बकरी
Chien	कुत्ता
Chiot	पलि्ला
Collier	कॉलर
Eau	पानी
Griffes	पंजे
Laisse	पट्टा
Lapin	खरगोश
Lézard	छपिकली
Nourriture	भोजन
Perroquet	तोता
Poisson	मछली
Queue	पूंछ
Souris	चूहा
Tortue	कछुआ
Vache	गाय
Vétérinaire	पशु चकित्सिक

Anniversaire
जन्मदनि

Amis	दोस्तों
Amusement	मज़ा
Année	वर्ष
Bougies	मोमबत्तयिाँ
Cadeau	उपहार
Calendrier	कैलेंडर
Cartes	पत्ते
Chanson	गीत
Fête	उत्सव
Gâteau	केक
Heureux	खुश
Invitations	नमिंत्रण
Jeune	युवा
Jour	दनि
Joyeux	हर्षति
Né	जन्म
Sagesse	बुद्धि
Spécial	वशिष
Super	महान
Temps	समय

Antarctique
अंटार्कटिका

Baie	बे
Baleines	व्हेल
Chercheur	शोधकर्ता
Conservation	संरक्षण
Continent	महाद्वीप
Eau	पानी
Environnement	पर्यावरण
Expédition	अभियान
Géographie	भूगोल
Glace	बर्फ
Glaciers	हिमनद
Îles	द्वीप समूह
Migration	प्रवास
Minéraux	खनिज
Oiseaux	पक्षी
Péninsule	प्रायद्वीप
Rocheux	पथरीला
Scientifique	वैज्ञानिक
Température	तापमान
Topographie	स्थलाकृति

Art
कला

Céramique	सिरेमिक
Complexe	जटिल
Composition	रचना
Créer	बनाना
Dépeindre	चित्रित
Expression	अभिव्यक्ति
Honnête	ईमानदार
Humeur	मनोदशा
Inspiré	प्रेरित
Original	मूल
Personnel	व्यक्तिगत
Poésie	कविता
Sculpture	मूर्तिकला
Simple	सरल
Sujet	विषय
Surréalisme	अतियथार्थवाद
Symbole	प्रतीक
Visuel	दृश्य

Arts Visuels
दृश्य कला

Architecture	वास्तुकला
Argile	मिट्टी
Artiste	कलाकार
Chef-D'Œuvre	कृति
Chevalet	चित्रफलक
Cire	मोम
Composition	रचना
Craie	चाक
Crayon	पेंसिल
Créativité	रचनात्मकता
Film	फिल्म
Peinture	चित्रकारी
Perspective	परिप्रेक्ष्य
Photographie	तस्वीर
Pochoir	स्टैंसिल
Portrait	चित्र
Sculpture	मूर्तिकला
Stylo	कलम
Vernis	वार्निश

Astronomie
खगोल विद्या

Astéroïde	क्षुद्रग्रह
Astronome	खगोल विज्ञानी
Ciel	आकाश
Constellation	नक्षत्र
Cosmos	ब्रह्मांड
Éclipse	ग्रहण
Équinoxe	विषुव
Fusée	रॉकेट
Galaxie	आकाशगंगा
Lune	चाँद
Météore	उल्का
Nébuleuse	निहारिका
Observatoire	वेधशाला
Planète	ग्रह
Radiation	विकिरण
Satellite	उपग्रह
Solaire	सौर
Supernova	सुपरनोवा
Terre	पृथ्वी
Univers	संसार

Aventure
साहसिक कार्य

Activité	गतिविधि
Amis	दोस्तों
Beauté	सुंदरता
Bravoure	वीरता
Chance	मौका
Dangereux	खतरनाक
Destination	गंतव्य
Défis	चुनौतियों
Difficulté	कठिनाई
Enthousiasme	उत्साह
Excursion	भ्रमण
Inhabituel	असामान्य
Joie	हर्ष
Nature	प्रकृति
Navigation	पथ प्रदर्शन
Nouveau	नया
Opportunité	अवसर
Préparation	तैयारी
Sécurité	सुरक्षा
Voyages	यात्रा

Avions
हवाई जहाज

Air	वायु
Atmosphère	वायुमंडल
Atterrissage	अवतरण
Aventure	साहसिक
Ballon	गुब्बारा
Carburant	ईंधन
Ciel	आकाश
Construction	निर्माण
Descente	वंश
Design	डिजाइन
Direction	दिशा
Équipage	क्रू
Hauteur	ऊंचाई
Histoire	इतिहास
Hydrogène	हाइड्रोजन
Moteur	इंजन
Naviguer	नेविगेट
Passager	यात्री
Pilote	पायलट
Turbulence	अशांति

Ballet
बैले

Applaudissement	वाहवाही
Artistique	कलात्मक
Ballerine	बैले
Chorégraphie	नृत्यकला
Compétence	कौशल
Compositeur	संगीतकार
Danseurs	नर्तकियों
Expressif	सूचक
Geste	इशारा
Gracieux	सुंदर
Intensité	तीव्रता
Muscles	मांसपेशियों
Musique	संगीत
Orchestre	ऑर्केस्ट्रा
Public	दर्शक
Répétition	रहिर्सल
Rythme	ताल
Solo	एकल
Style	शैली
Technique	तकनीक

Barbecues
बारबेक्यू

Chaud	गरम
Couteaux	चाकू
Déjeuner	दोपहर का भोजन
Dîner	रात का खाना
Enfants	बच्चे
Été	गर्मी
Faim	भूख
Famille	परविार
Fruit	फल
Gril	ग्रलि
Jeux	खेल
Légumes	सब्जियां
Musique	संगीत
Oignons	प्याज
Poivre	मर्चि
Poulet	चकिन
Salades	सलाद
Sauce	चटनी
Sel	नमक
Tomates	टमाटर

Bateaux
नौकाएँ

Ancre	लंगर
Bouée	बोया
Canoë	डोंगी
Corde	रस्सी
Dock	गोदी
Équipage	क्रू
Fleuve	नदी
Kayak	कश्ती
Lac	झील
Marée	ज्वार
Marin	नावकि
Mât	मस्तूल
Mer	समुद्र
Moteur	इंजन
Nautique	समुद्री
Océan	सागर
Radeau	बेड़ा
Vagues	लहरें
Voilier	सेलबोट
Yacht	नौका

Bâtiments
इमारतें

Ambassade	दूतावास
Appartement	अपार्टमेंट
Cabine	केबनि
Château	कलिा
Cinéma	सनिमा
École	स्कूल
Garage	गैरेज
Grange	खलहिान
Hôpital	अस्पताल
Hôtel	होटल
Laboratoire	प्रयोगशाला
Musée	संग्रहालय
Observatoire	वेधशाला
Stade	स्टेडयिम
Supermarché	सुपरमार्केट
Tente	तंबू
Théâtre	थएिटर
Tour	मीनार
Université	वश्विवद्यािलय
Usine	फैक्टरी

Camping
कैम्पगि

Animaux	जानवरों
Aventure	साहसकि
Boussole	दक्सिूचक
Cabine	केबनि
Canoë	डोंगी
Carte	नक्शा
Chapeau	टोपी
Chasse	शकिार करना
Corde	रस्सी
Équipement	उपकरण
Feu	आग
Forêt	वन
Hamac	झूला
Insecte	कीट
Lac	झील
Lanterne	लालटेन
Lune	चाँद
Montagne	पहाड़
Nature	प्रकृति
Tente	तंबू

Championnat
प्रतयिोगतिा

Champion	चैंपयिन
Championnat	चैम्पयिनशपि
Endurance	सहन
Entraîneur	कोच
Équipe	टीम
Finaliste	फाइनल
Jeux	खेल
Juge	न्यायाधीश
Ligue	लीग
Médaille	पदक
Motivation	प्रेरणा
Performance	प्रदर्शन
Stratégie	रणनीति
Tournoi	टूर्नामेंट
Transpiration	पसीना
Victoire	वजिय

Chats
बलि्ली की

Affectueux	स्नेही
Chasseur	शकिारी
Curieux	जजि्ञासु
Dormir	नींद
Espiègle	चंचल
Fil	धागा
Fou	पागल
Fourrure	फर
Indépendant	स्वतंत्र
Patte	पंजा
Personnalité	व्यक्तत्वि
Peu	थोड़ा
Queue	पूंछ
Rapide	तेज
Sauvage	जंगली
Souris	चूहा
Timide	शर्मीला

Châteaux
महल

Armure	कवच
Catapulte	गुलेल
Cheval	घोड़ा
Chevalier	शूरवीर
Couronne	ताज
Dragon	अजगर
Dynastie	राजवंश
Empire	साम्राज्य
Épée	तलवार
Féodal	सामंती
Forteresse	कलि
Fossé	खाई
Licorne	गेंडा
Mur	दीवार
Noble	महान
Palais	महल
Prince	राजकुमार
Princesse	राजकुमारी
Tour	मीनार

Chocolat
चॉकलेट

Amer	कड़वा
Antioxydant	एंटीऑक्सीडेंट
Arôme	सुगंध
Artisanal	कुटीर
Bonbon	कैंडी
Cacahuètes	मूंगफली
Cacao	कोको
Calories	कैलोरी
Délicieux	स्वादष्टि
Doux	मठिाई
Exotique	वदिेशी
Favori	प्रयि
Goût	स्वाद
Ingrédient	घटक
Noix de Coco	नारयिल
Poudre	पाउडर
Qualité	गुणवत्ता
Recette	वधिि
Sucre	चीनी

Cirque
सर्कस

Acrobate	नट
Animaux	जानवरों
Ballons	गुब्बारे
Billet	टकिट
Clown	जोकर
Costume	पोशाक
Divertir	मनोरंजन
Éléphant	हाथी
Jongleur	बाजीगर
Lion	शेर
Magicien	जादूगर
Magie	जादू
Montrer	प्रदर्शन
Musique	संगीत
Parade	परेड
Singe	बंदर
Spectaculaire	शानदार
Spectateur	दर्शक
Tente	तंबू
Tigre	बाघ

Comédie
कॉमेडी

Acteur	अभनिता
Actrice	अभनित्री
Amusement	मज़ा
Applaudissement	वाहवाही
Blagues	चुटकुले
Clowns	जोकर
Expressif	सूचक
Genre	शैली
Humour	हास्य
Improvisation	कामचलाऊ
Intelligent	चतुर
Parodie	पैरोडी
Public	दर्शक
Rire	हँसी
Télévision	टेलीवजिन
Théâtre	थएिटर

Conduite
ड्राइवगि

Accident	दुर्घटना
Camion	ट्रक
Carburant	ईंधन
Carte	नक्शा
Danger	खतरा
Freins	ब्रेक
Garage	गैरेज
Gaz	गैस
Licence	लाइसेंस
Moteur	मोटर
Moto	मोटरसाइकलि
Piéton	पैदल यात्री
Police	पुलसि
Route	सड़क
Sécurité	सुरक्षा
Trafic	यातायात
Transport	परविहन
Tunnel	सुरंग
Vitesse	गतिि
Voiture	कार

Corps Humain
मानव शरीर

Bouche	मुँह
Cerveau	दमिाग
Cheville	टखने
Cou	गर्दन
Coude	कोहनी
Cœur	दलि
Doigt	उंगली
Estomac	पेट
Épaule	कंधा
Genou	घुटना
Lèvres	होंठ
Main	हाथ
Mâchoire	जबड़ा
Menton	ठोड़ी
Nez	नाक
Oreille	कान
Peau	त्वचा
Sang	रक्त
Tête	सरि
Visage	चेहरा

Cuisine
कचिन

Baguettes	चीनी काँटा
Bol	कटोरा
Bouilloire	केतली
Congélateur	फ्रीजर
Couteaux	चाकू
Cruche	जग
Cuillères	चम्मच
Épices	मसाले
Éponge	स्पंज
Four	ओवन
Fourchettes	कांटे
Gril	ग्रलि
Louche	करछुल
Nourriture	भोजन
Recette	वधिि
Réfrigérateur	फ्रजि
Serviette	नैपकनि
Tablier	एप्रन
Tasses	कप

Danse
नृत्य

Académie	अकादमी
Art	कला
Chorégraphie	नृत्यकला
Classique	शास्त्रीय
Corps	शरीर
Culture	संस्कृत
Culturel	सांस्कृतकि
Expressif	सूचक
Émotion	भावना
Grâce	कृपा
Joyeux	हर्षति
Mouvement	गत
Musique	संगीत
Partenaire	साथी
Posture	आसन
Répétition	रहिर्सल
Rythme	ताल
Traditionnel	परंपरागत
Visuel	दृश्य

Dinosaures
डायनासोर

Ailes	पंख
Carnivore	मांसाहारी
Disparition	अंतर्धान
Espèce	प्रजातयिां
Évolution	वकिास
Fossiles	जीवाश्म
Grand	बड़ा
Herbivore	शाकाहारी
Mammouth	वशिाल
Omnivore	सर्वभक्षी
Préhistorique	प्रागैतहिासकि
Proie	शकिार
Puissant	शक्तशिाली
Queue	पूंछ
Rapace	रैप्टर
Reptile	सरीसृप
Taille	आकार
Terre	पृथ्वी
Vicieux	शातरि

Disciplines Scientifiques
वैज्ञानकि अनुशासन

Anatomie	शरीर रचना
Archéologie	पुरातत्व
Astronomie	खगोल वज्ञिान
Biochimie	जीव रसायन
Biologie	जीववज्ञिान
Chimie	रसायन वज्ञिान
Écologie	पारस्थितिकिी
Géologie	भूवज्ञिान
Immunologie	इम्यूनोलॉजी
Kinésiologie	काइन्सयिोलॉजी
Linguistique	भाषावज्ञिान
Mécanique	यांत्रकिी
Météorologie	मौसम वज्ञिान
Minéralogie	खनजि वद्यिा
Nutrition	पोषण
Physiologie	फजियिोलॉजी
Psychologie	मनोवज्ञिान
Robotique	रोबोटक्सि
Sociologie	समाज शास्त्र
Thermodynamique	ऊष्मप्रवैगकिी

Eau
पानी

Canal	नहर
Douche	बौछार
Évaporation	वाष्पीकरण
Fleuve	नदी
Flux	धारा
Gel	ठंढ
Glace	बर्फ
Humide	नम
Humidité	नमी
Inondation	बाढ़
Irrigation	सचिाई
Lac	झील
Mousson	मानसून
Océan	सागर
Ouragan	तूफान
Pluie	वर्षा
Trempé	लथपथ
Vagues	लहरें
Vapeur	भाप

Escalade
क्लाइम्बिंग

Altitude	ऊंचाई
Atmosphère	वायुमंडल
Blessure	चोट
Bottes	जूते
Carte	नक्शा
Casque	हेलमेट
Curiosité	जिज्ञासा
Défis	चुनौतियों
Expert	विशेषज्ञ
Étroit	संकीर्ण
Force	ताकत
Formation	प्रशिक्षण
Gants	दस्ताने
Grotte	गुफा
Guides	गाइड
Physique	शारीरिक
Stabilité	स्थिरिता
Terrain	भूभाग

Exploration
अन्वेषण

Activité	गतिविधि
Animaux	जानवरों
Courage	साहस
Cultures	संस्कृतियों
Dangers	खतरों
Découverte	खोज
Détermination	दृढ़ निश्चय
Espace	अंतरिक्ष
Excitation	उत्साह
Épuisement	थकावट
Inconnu	अनजान
Langue	भाषा
Lointain	दूर
Nouveau	नया
Périlleux	जोखिम
Sauvage	जंगली
Terrain	भूभाग
Voyage	यात्रा

Échecs
शतरंज

Adversaire	विरोधी
Blanc	सफेद
Champion	चैंपियन
Concours	प्रतियोगिता
Défis	चुनौतियों
Diagonal	विकिर्ण
Intelligent	चतुर
Jeu	खेल
Joueur	खिलाड़ी
Noir	काला
Passif	निष्क्रिय
Points	अंक
Reine	रानी
Règles	नियम
Roi	राजा
Sacrifice	बलिदान
Stratégie	रणनीति
Temps	समय
Tournoi	टूर्नामेंट

École #1
स्कूल #1

Alphabet	वर्णमाला
Amis	दोस्तों
Amusement	मज़ा
Bibliothèque	पुस्तकालय
Bureau	डेस्क
Chaise	कुर्सी
Crayon	पेंसिल
Des Stylos	कलम
Déjeuner	दोपहर का भोजन
Dossiers	फ़ोल्डर
Enseignant	शिक्षक
Examens	परीक्षा
Livres	पुस्तकें
Math	गणित
Nombres	संख्याएँ
Papier	कागज
Quiz	प्रश्नोत्तरी
Réponses	जवाब
Salle de Classe	कक्षा

École #2
स्कूल #2

Apprentissage	सीख
Bibliothèque	पुस्तकालय
Bus	बस
Calendrier	कैलेंडर
Chaussures	जूते
Ciseaux	कैंची
Crayon	पेंसिल
Dictionnaire	शब्दकोश
Enseignant	शिक्षक
Écriture	लेखन
Éducation	शिक्षा
Grammaire	व्याकरण
Jeux	खेल
Lecture	पढ़ना
Littérature	साहित्य
Livres	पुस्तकें
Math	गणित
Ordinateur	संगणक
Papier	कागज
Science	विज्ञान

Écologie
पारिस्थितिकी

Bénévoles	स्वयंसेवकों
Climat	जलवायु
Communautés	समुदाय
Diversité	विविधिता
Durable	टिकाऊ
Espèce	प्रजातियां
Faune	पशु
Global	वैश्विक
Marais	दलदल
Marin	समुद्री
Montagnes	पहाड़ों
Nature	प्रकृति
Naturel	प्राकृतिक
Plantes	पौधे
Ressources	संसाधन
Sécheresse	सूखा
Survie	उत्तरजीविता
Végétation	वनस्पति

Émotions
भावनाएँ

Amour	प्यार
Calme	शांत
Colère	क्रोध
Embarrassé	शर्मिंदा
Ennui	बोरियत
Gentillesse	दयालुता
Joie	हर्ष
Paix	शांति
Peur	डर
Reconnaissant	आभारी
Relief	राहत
Satisfait	संतुष्ट
Surprise	आश्चर्य
Sympathie	सहानुभूति
Tendresse	कोमलता
Tristesse	उदासी

Épices
मसाले

Aigre	खट्टा
Ail	लहसुन
Amer	कड़वा
Cannelle	दालचीनी
Cardamome	इलायची
Coriandre	धनिया
Cumin	जीरा
Curcuma	हल्दी
Curry	करी
Fenouil	सौंफ
Fenugrec	मेथी
Gingembre	अदरक
Muscade	जायफल
Oignon	प्याज
Poivre	मिर्च
Réglisse	नद्यपान
Safran	केसर
Saveur	स्वाद
Sel	नमक
Vanille	वनीला

Été
ग्रीष्म ऋतु

Amis	दोस्तों
Camping	डेरा डालना
Étoiles	सितारे
Famille	परिवार
Jardin	बगीचा
Jeux	खेल
Joie	हर्ष
Livres	पुस्तकें
Loisir	अवकाश
Mer	समुद्र
Musique	संगीत
Nourriture	भोजन
Plage	समुद्र तट
Plongée	डाइविंग
Relaxation	विश्राम
Sandales	सैंडल
Vacances	छुट्टी
Voyage	यात्रा

Famille
परिवार

Ancêtre	पूर्वज
Cousin	चचेरा भाई
Enfance	बचपन
Enfant	बच्चा
Enfants	बच्चे
Femme	बीवी
Fille	बेटी
Frère	भाई
Grand-Mère	दादी
Grand-Père	दादा
Mari	पति
Maternel	मातृ
Mère	मां
Neveu	भतीजा
Nièce	भतीजी
Oncle	चाचा
Paternel	पैतृक
Père	पिता
Soeur	बहन
Tante	चाची

Ferme #1
फार्म #1

Abeille	मधुमक्खी
Agriculture	कृषि
Âne	गधा
Champ	खेत
Chat	बिल्ली
Cheval	घोड़ा
Chèvre	बकरी
Chien	कुत्ता
Clôture	बाड़
Cochon	सूअर
Corbeau	कौआ
Eau	पानी
Engrais	उर्वरक
Foin	घास
Miel	शहद
Poulet	चिकन
Riz	चावल
Troupeau	झुंड
Vache	गाय
Veau	बछड़ा

Ferme #2
फार्म #2

Agneau	मेमना
Agriculteur	किसान
Animaux	जानवरों
Berger	चरवाहा
Blé	गेहूँ
Canard	बतख
Fruit	फल
Grange	खलिहान
Irrigation	सिंचाई
Lait	दूध
Lama	लामा
Légume	सब्जी
Maïs	मकई
Mouton	भेड़
Mûr	पका हुआ
Nourriture	भोजन
Orge	जौ
Pré	घास का मैदान
Tracteur	ट्रैक्टर
Verger	फलोद्यान

Fleurs
फूल

Bouquet	गुलदस्ता
Gardénia	गार्डेनिया
Hibiscus	हिबिस्कुस
Jasmin	चमेली
Lavande	लैवेंडर
Lys	लिली
Magnolia	मैगनोलिया
Marguerite	डेज़ी
Orchidée	आर्किड
Pavot	पोस्ता
Pétale	पत्ती
Pissenlit	डन्डेलिअन
Pivoine	चपरासी
Plumeria	प्लूमेरिया
Rose	गुलाब
Tournesol	सूरजमुखी
Trèfle	आनन्द
Tulipe	ट्यूलिप

Forêt Tropicale
वर्षावन

Amphibiens	उभयचर
Botanique	वानस्पतिक
Climat	जलवायु
Communauté	समुदाय
Diversité	विविधता
Espèce	प्रजातियां
Indigène	स्वदेशी
Insectes	कीड़े
Jungle	जंगल
Mammifères	स्तनधारी
Mousse	काई
Nature	प्रकृति
Nuage	बादल
Oiseaux	पक्षी
Précieux	मूल्यवान
Préservation	संरक्षण
Refuge	शरण
Respect	आदर
Restauration	बहाली
Survie	उत्तरजीविता

Formes
आकृतियाँ

Arc	चाप
Bords	किनारों
Carré	वर्ग
Cercle	वृत्त
Coin	कोने
Courbe	वक्र
Cône	शंकु
Côté	पक्ष
Cube	घन
Cylindre	सिलिंडर
Ellipse	दीर्घवृत्त
Ligne	रेखा
Ovale	अंडाकार
Polygone	बहुभुज
Prisme	प्रज़िम
Pyramide	पिरामिड
Rectangle	आयत
Rond	गोल
Triangle	त्रिकोण

Fournitures d'Art
कला की आपूर्ति

Acrylique	एक्रिलिक
Aquarelles	जल रंग
Argile	मिट्टी
Brosses	ब्रश
Caméra	कैमरा
Chaise	कुर्सी
Chevalet	चित्रफलक
Colle	गोंद
Couleurs	रंग
Crayons	पेंसिल
Créativité	रचनात्मकता
Eau	पानी
Encre	स्याही
Gomme	रबड़
Huile	तेल
Idées	विचारों
Papier	कागज
Pastels	पेस्टल
Peinture	पेंट
Table	टेबल

Fruit
फ्रूट

Abricot	खुबानी
Ananas	अनन्नास
Avocat	एवोकाडो
Baie	बेरी
Banane	केला
Cerise	चेरी
Citron	नींबू
Figue	अंजीर
Framboise	रसभरी
Goyave	अमरूद
Kiwi	कीवी
Mangue	आम
Melon	तरबूज
Nectarine	शफ़तालू
Orange	नारंगी
Papaye	पपीता
Pêche	आड़ू
Poire	नाशपाती
Pomme	सेब
Raisin	अंगूर

Gentillesse
दयालुता

Affectueux	स्नेही
Aimant	प्यार
Amical	अनुकूल
Attentif	चौकस
Authentique	वास्तविक
Compatissant	दयालु
Compréhension	समझ
Fiable	विश्वसनीय
Généreux	उदार
Heureux	खुश
Honnête	ईमानदार
Hospitalier	मेहमाननवाज
Patient	रोगी
Respectueux	विनीत
Réceptif	ग्रहणशील
Tolérant	सहनशील
Utile	उपयोगी

Géographie
भूगोल

Altitude	ऊंचाई
Atlas	एटलस
Carte	नक्शा
Continent	महाद्वीप
Fleuve	नदी
Hémisphère	गोलार्ध
Île	द्वीप
Latitude	अक्षांश
Longitude	देशान्तर
Mer	समुद्र
Méridien	मध्याह्न
Monde	दुनिया
Montagne	पहाड़
Nord	उत्तर
Océan	सागर
Ouest	पश्चिमि
Pays	देश
Sud	दक्षिणि
Territoire	क्षेत्र
Ville	शहर

Géologie
भूवज्ञिान

Acide	एसडि
Calcium	कैल्शयिम
Caverne	गुफा
Continent	महाद्वीप
Corail	मूंगा
Couche	परत
Cristaux	क्रस्टिल
Cycles	चक्र
Érosion	कटाव
Fondu	पघिला हुआ
Fossile	जीवाश्म
Lave	लावा
Minéraux	खनजि
Pierre	पत्थर
Plateau	पठार
Quartz	क्वार्ट्ज
Sel	नमक
Stalactite	स्टैलेक्टटि
Volcan	ज्वालामुखी
Zone	क्षेत्र

Herboristerie
हर्बलज्मि

Ail	लहसुन
Aromatique	खुशबूदार
Basilic	तुलसी
Bénéfique	लाभकारी
Culinaire	पाक
Estragon	तारगोन
Fenouil	सौंफ
Fleur	फूल
Ingrédient	घटक
Jardin	बगीचा
Lavande	लैवेंडर
Marjolaine	कुठरा
Menthe	पुदीना
Persil	अजमोद
Qualité	गुणवत्ता
Romarin	दौनी
Safran	केसर
Saveur	स्वाद
Thym	अजवायन
Vert	हरा

Insectes
कीड़े

Abeille	मधुमक्खी
Cafard	तलिचट्टा
Cigale	सकिाडा
Coccinelle	भिंडी
Fourmi	चींटी
Guêpe	ततैया
Larve	लार्वा
Libellule	ड्रैगनफ्लाई
Moucheron	कुटकी
Moustique	मच्छर
Papillon	ततिली
Puce	पस्सि
Puceron	एफडि
Sauterelle	टड्डिी
Scarabée	भृंग
Termite	दीमक
Ver	कीड़ा

Instruments de Musique
संगीत वाद्ययंत्र

Banjo	बैंजो
Basson	बासून
Carillons	झंकार
Clarinette	शहनाई
Flûte	बांसुरी
Gong	घंटा
Guitare	गटिार
Harpe	वीणा
Mandoline	मैंडोलनि
Percussion	टक्कर
Piano	पयिानो
Saxophone	सैक्सोफोन
Tambour	ढोल
Tambourin	डफ
Trombone	तुरही
Violon	वायलनि
Violoncelle	वायलनचेलो

Jardin
बगीचा

Arbre	पेड़
Banc	बेंच
Buisson	बुश
Clôture	बाड़
Étang	तालाब
Fleur	फूल
Garage	गैरेज
Hamac	झूला
Herbe	घास
Jardin	बगीचा
Mauvaises Herbes	मातम
Pelle	फावड़ा
Pelouse	लॉन
Porche	बरामदा
Râteau	रेक
Terrasse	छत
Trampoline	ट्रेम्पोलनि
Tuyau	नली
Verger	फलोद्यान
Vigne	बेल

Jouets
खलौिने

Argile	मिट्टी
Artisanat	शिल्प
Avion	विमान
Balle	गेंद
Bateau	नाव
Camion	ट्रक
Cerf-Volant	पतंग
Échecs	शतरंज
Favori	प्रिय
Imagination	कल्पना
Jeux	खेल
Livres	पुस्तकें
Peinture	पेंट
Poupée	गुड़िया
Puzzle	पहेली
Robot	रोबोट
Tambours	ड्रम
Train	ट्रेन
Vélo	साइकिल
Voiture	कार

Jours et Mois
दिन और महीने

Août	अगस्त
Avril	अप्रैल
Calendrier	कैलेंडर
Dimanche	रविवार
Février	फरवरी
Janvier	जनवरी
Jeudi	गुरूवार
Juillet	जुलाई
Juin	जून
Lundi	सोमवार
Mardi	मंगलवार
Mars	मार्च
Mercredi	बुधवार
Mois	महीना
Novembre	नवंबर
Octobre	अक्टूबर
Samedi	शनिवार
Semaine	सप्ताह
Septembre	सितंबर
Vendredi	शुक्रवार

Les Abeilles
मधुमक्खियों

Ailes	पंख
Bénéfique	लाभकारी
Cire	मोम
Diversité	विविधिता
Essaim	झुंड
Fleur	खिलना
Fleurs	फूल
Fruit	फल
Fumée	धुआँ
Insecte	कीट
Jardin	बगीचा
Miel	शहद
Nourriture	भोजन
Plantes	पौधे
Pollen	पराग
Pollinisateur	परागणक
Reine	रानी
Ruche	छत्ता
Soleil	सूर्य

Légumes
सब्जियां

Ail	लहसुन
Algue	समुद्री शैवाल
Artichaut	हाथी चक
Aubergine	बैंगन
Brocoli	ब्रोकोली
Carotte	गाजर
Céleri	अजवाइन
Champignon	मशरूम
Citrouille	कद्दू
Concombre	खीरा
Épinard	पालक
Gingembre	अदरक
Navet	शलजम
Oignon	प्याज
Olive	जैतून
Persil	अजमोद
Pois	मटर
Radis	मूली
Salade	सलाद
Tomate	टमाटर

Littérature
साहित्य

Analogie	समानता
Analyse	विश्लेषण
Anecdote	किस्सा
Auteur	लेखक
Biographie	जीवनी
Comparaison	तुलना
Conclusion	निष्कर्ष
Description	विवरण
Dialogue	संवाद
Fiction	कथा
Métaphore	रूपक
Narrateur	कथावाचक
Poème	कविता
Poétique	काव्यात्मक
Rime	तुक
Roman	उपन्यास
Rythme	ताल
Style	शैली
Thème	विषय
Tragédie	त्रासदी

Livres
पुस्तकें

Auteur	लेखक
Aventure	साहसिक
Collection	संग्रह
Contexte	संदर्भ
Dualité	द्वंद्व
Écrit	लिखित
Épique	महाकाव्य
Histoire	कहानी
Historique	ऐतिहासिक
Humoristique	विनोदी
Inventif	आविष्कारशील
Lecteur	पाठक
Littéraire	साहित्यिक
Narrateur	कथावाचक
Page	पृष्ठ
Pertinent	प्रासंगिक
Poème	कविता
Roman	उपन्यास
Série	शृंखला
Tragique	दुखद

Maison
हाउस

Balai	झाड़ू
Bibliothèque	पुस्तकालय
Chambre	कक्ष
Cheminée	चमिनी
Clés	कुंजी
Clôture	बाड़
Cuisine	रसोई
Douche	बौछार
Fenêtre	खड़िकी
Garage	गैरेज
Grenier	अटारी
Jardin	बगीचा
Lampe	दीपक
Miroir	दर्पण
Mur	दीवार
Porte	दरवाजा
Rideaux	पर्दे
Sous-Sol	तहखाना
Tapis	गलीचा
Toit	छत

Mammifères
स्तनधारी

Baleine	व्हेल
Chat	बल्लिी
Cheval	घोड़ा
Chien	कुत्ता
Coyote	कोयोट
Dauphin	डॉल्फनि
Éléphant	हाथी
Girafe	जरिाफ़
Gorille	गोरल्लिा
Kangourou	कंगारू
Lapin	खरगोश
Lion	शेर
Loup	भेड़यि
Mouton	भेड़
Ours	भालू
Renard	लोमड़ी
Singe	बंदर
Taureau	बुल
Tigre	बाघ
Zèbre	ज़ेबरा

Mathématiques
गणति

Angles	कोण
Arithmétique	अंकगणति
Carré	वर्ग
Circonférence	परधि
Décimal	दशमलव
Diamètre	व्यास
Division	वभिाजन
Exposant	प्रतपिादक
Équation	समीकरण
Fraction	अंश
Géométrie	ज्यामति
Parallèle	समानांतर
Perpendiculaire	सीधा
Polygone	बहुभुज
Rayon	त्रज्यि
Rectangle	आयत
Somme	योग
Symétrie	समरूपता
Triangle	त्रकिोण
Volume	आयतन

Mesures
मापन

Centimètre	सेंटीमीटर
Degré	डग्रिी
Décimal	दशमलव
Gramme	ग्राम
Hauteur	ऊंचाई
Kilogramme	कलिोग्राम
Kilomètre	कलिोमीटर
Largeur	चौड़ाई
Litre	लीटर
Longueur	लंबाई
Masse	मास
Mètre	मीटर
Minute	मनिट
Octet	बाइट
Once	औंस
Poids	वजन
Pouce	इंच
Profondeur	गहराई
Tonne	टन
Volume	आयतन

Meubles
फर्नीचर

Banc	बेंच
Bureau	डेस्क
Canapé	सोफा
Chaise	कुर्सी
Commode	ड्रेसर
Coussins	कुशन
Étagères	अलमारयिाँ
Futon	फुटन
Hamac	झूला
Lampe	दीपक
Lit	बस्तिर
Matelas	गद्दा
Miroir	दर्पण
Oreiller	तकयिा
Rideaux	पर्दे
Tapis	गलीचा

Méditation
ध्यान

Acceptation	स्वीकृति
Attention	ध्यान
Calme	शांत
Clarté	स्पष्टता
Compassion	दया
Émotions	भावनाएँ
Éveillé	जाग
Gentillesse	दयालुता
Gratitude	कृतज्ञता
Habitudes	आदतें
Mental	मानसकि
Mouvement	गति
Musique	संगीत
Nature	प्रकृति
Observation	अवलोकन
Paix	शांति
Perspective	परप्रिेक्ष्य
Posture	आसन
Respiration	श्वास
Silence	मौन

Météo
मौसम

Arc-En-Ciel	इंद्रधनुष
Atmosphère	वायुमंडल
Brouillard	कोहरा
Calme	शांत
Ciel	आकाश
Climat	जलवायु
Glace	बर्फ
Humide	नम
Inondation	बाढ़
Mousson	मानसून
Nuage	बादल
Ouragan	तूफान
Polaire	ध्रुवीय
Sec	सूखा
Température	तापमान
Tempête	आंधी
Tonnerre	गरज
Tornade	बवंडर
Tropical	उष्णकटिबंधीय
Vent	हवा

Mythologie
पौराणिक कथाएं

Archétype	मूलरूप आदर्श
Catastrophe	आपदा
Comportement	व्यवहार
Création	सृजन
Créature	जंतु
Croyances	विश्वासों
Culture	संस्कृति
Éclair	बिजली
Force	ताकत
Guerrier	योद्धा
Héros	नायक
Immortalité	अमरता
Jalousie	ईर्ष्या
Labyrinthe	भूलभुलैया
Légende	दंतकथा
Magique	जादुई
Monstre	राक्षस
Mortel	नश्वर
Tonnerre	गरज
Vengeance	बदला

Nature
प्रकृति

Abeilles	मधुमक्खियों
Abri	आश्रय
Animaux	जानवरों
Arctique	आर्कटिक
Beauté	सुंदरता
Brouillard	कोहरा
Désert	रेगिस्तान
Dynamique	गतिशील
Érosion	कटाव
Feuillage	पत्ते
Fleuve	नदी
Forêt	वन
Glacier	ग्लेशियर
Nuage	बादल
Paisible	शांतिपूर्ण
Sanctuaire	अभयारण्य
Sauvage	जंगली
Serein	निर्मल
Tropical	उष्णकटिबंधीय
Vital	महत्वपूर्ण

Nombres
संख्याएँ

Cinq	पांच
Deux	दो
Décimal	दशमलव
Dix	दस
Dix-Huit	अठारह
Dix-Neuf	उन्नीस
Dix-Sept	सत्रह
Douze	बारह
Huit	आठ
Neuf	नौ
Quatorze	चौदह
Quatre	चार
Quinze	पंद्रह
Seize	सोलह
Sept	सात
Six	छह
Treize	तेरह
Trois	तीन
Vingt	बीस
Zéro	शून्य

Nourriture #1
खाना #1

Ail	लहसुन
Basilic	तुलसी
Café	कॉफ़ी
Cannelle	दालचीनी
Carotte	गाजर
Citron	नींबू
Épinard	पालक
Fraise	स्ट्रॉबेरी
Jus	रस
Lait	दूध
Navet	शलजम
Oignon	प्याज
Orge	जौ
Poire	नाशपाती
Salade	सलाद
Sel	नमक
Soupe	सूप
Sucre	चीनी
Thon	टूना
Viande	मांस

Nourriture #2
खाना #2

Amande	बादाम
Aubergine	बैंगन
Banane	केला
Blé	गेहूँ
Brocoli	ब्रोकोली
Cerise	चेरी
Céleri	अजवाइन
Champignon	मशरूम
Chocolat	चॉकलेट
Jambon	हैम
Kiwi	कीवी
Mangue	आम
Oeuf	अंडा
Pain	रोटी
Poisson	मछली
Pomme	सेब
Poulet	चकिन
Raisin	अंगूर
Riz	चावल
Tomate	टमाटर

Nutrition
पोषाहार

Amer	कड़वा
Appétit	भूख
Calories	कैलोरी
Comestible	खाद्य
Diète	आहार
Digestion	पाचन
Épices	मसाले
Équilibré	संतुलति
Fermentation	कणि्वन
Ingrédients	सामग्री
Liquides	तरल पदार्थ
Poids	वजन
Protéines	प्रोटीन
Qualité	गुणवत्ता
Sain	स्वस्थ
Santé	स्वास्थ्य
Sauce	चटनी
Saveur	स्वाद
Toxine	वषि
Vitamine	वटिामनि

Océan
सागर

Algue	शैवाल
Baleine	व्हेल
Bateau	नाव
Corail	मूंगा
Crabe	केकड़ा
Crevette	झींगा
Dauphin	डॉल्फनि
Éponge	स्पंज
Huître	सीप
Marées	ज्वार
Méduse	जेलफ़िशि
Poisson	मछली
Poulpe	ऑक्टोपस
Requin	शार्क
Récif	चट्टान
Sel	नमक
Tempête	आंधी
Thon	टूना
Tortue	कछुआ
Vagues	लहरें

Oiseaux
पक्षयिों

Aigle	ईगल
Autruche	शुतुरमुर्ग
Canard	बतख
Cigogne	सारस
Corbeau	कौआ
Coucou	कोयल
Cygne	हंस
Flamant	राजहंस
Héron	बगुला
Manchot	पेंगुइन
Moineau	गौरैया
Mouette	मूर्ख मनुष्य
Oeuf	अंडा
Paon	मोर
Perroquet	तोता
Pélican	हवासील
Pigeon	कबूतर
Poule	मुर्गी
Poulet	चकिन
Toucan	टूकेन

Pays #2
देशों #2

Albanie	अल्बानयिा
Chine	चीन
Danemark	डेनमार्क
France	फ्रांस
Haïti	हैती
Indonésie	इंडोनेशयिा
Irlande	आयरलैंड
Jamaïque	जमैका
Japon	जापान
Kenya	केन्या
Laos	लाओस
Liban	लेबनान
Mexique	मेक्सकिो
Ouganda	युगांडा
Pakistan	पाकस्तिान
Russie	रूस
Somalie	सोमालयिा
Soudan	सूडान
Syrie	सीरयिा
Ukraine	यूक्रेन

Paysages
लैंडस्केप

Cascade	झरना
Colline	पहाड़ी
Désert	रेगस्तिान
Estuaire	मुहाना
Fleuve	नदी
Glacier	ग्लेशयिर
Grotte	गुफा
Iceberg	हमिखंड
Île	द्वीप
Lac	झील
Marais	दलदल
Mer	समुद्र
Montagne	पहाड़
Oasis	मरूद्यान
Océan	सागर
Péninsule	प्रायद्वीप
Plage	समुद्र तट
Toundra	टुंड्रा
Vallée	घाटी
Volcan	ज्वालामुखी

Pêche
फशिगि

Appât	चारा
Bateau	नाव
Branchies	गल्सि
Crochet	हुक
Cuire	रसोइया
Eau	पानी
Exagération	अतशियोक्ति
Équipement	उपकरण
Fil	तार
Fleuve	नदी
Lac	झील
Mâchoire	जबड़ा
Océan	सागर
Panier	टोकरी
Patience	धैर्य
Plage	समुद्र तट
Poids	वजन
Saison	ऋतु

Pirates
समुद्री लुटेरे

Ancre	लंगर
Aventure	साहसकि
Capitaine	कप्तान
Carte	नक्शा
Cicatrice	नशिान
Danger	खतरा
Drapeau	झंडा
Épée	तलवार
Équipage	क्रू
Grotte	गुफा
Île	द्वीप
Légende	दंतकथा
Mauvais	बुरा
Océan	सागर
Or	सोना
Perroquet	तोता
Pièces	सक्किे
Plage	समुद्र तट
Rhum	रम
Trésor	खजाना

Plage
समुद्र तट

Bateau	नाव
Bleu	नीला
Coquilles	गोले
Côte	तट
Crabe	केकड़ा
Dock	गोदी
Île	द्वीप
Lagune	लैगून
Mer	समुद्र
Océan	सागर
Parapluie	छाता
Récif	चट्टान
Sable	रेत
Sandales	सैंडल
Serviette	तौलयाि
Soleil	सूर्य
Vacances	छुट्टी
Voilier	सेलबोट

Plantes
पौधे

Arbre	पेड़
Baie	बेरी
Bambou	बांस
Buisson	बुश
Cactus	कैक्टस
Engrais	उर्वरक
Feuillage	पत्ते
Feuille	पत्ता
Fleur	फूल
Forêt	वन
Grandir	बढ़ना
Haricot	सेम
Herbe	घास
Jardin	बगीचा
Lierre	आइवी
Mousse	काई
Pétale	पत्ती
Racine	जड़
Tige	तना
Végétation	वनस्पतं

Professions #1
व्यवसाय #1

Ambassadeur	राजदूत
Astronome	खगोल वज्ञिानी
Avocat	वकील
Banquier	बैंकर
Bijoutier	जौहरी
Cartographe	मानचत्रिकार
Chasseur	शकिारी
Danseur	नर्तकी
Entraîneur	कोच
Éditeur	संपादक
Géologue	भूवज्ञिानी
Infirmière	नर्स
Médecin	चकित्सिक
Musicien	संगीतकार
Pianiste	पयिानोवादक
Plombier	नलसाज़
Pompier	फायर फाइटर
Psychologue	मनोवैज्ञानकि
Scientifique	वैज्ञानकि
Vétérinaire	पशु चकित्सिक

Professions #2
व्यवसाय #2

Bibliothécaire	लाइब्रेरयिन
Biologiste	जीववज्ञिानी
Chercheur	शोधकर्ता
Chirurgien	सर्जन
Dentiste	दंत चकित्सिक
Détective	जासूस
Enquêteur	अन्वेषक
Enseignant	शक्षिक
Illustrateur	इलस्ट्रेटर
Ingénieur	इंजीनयिर
Inventeur	आवष्किारक
Jardinier	माली
Journaliste	पत्रकार
Linguiste	बहुभाषी
Médecin	चकित्सिक
Peintre	चत्रिकार
Philosophe	दार्शनकि
Photographe	फोटोग्राफर
Pilote	पायलट
Zoologiste	जूलॉजस्टि

Randonnée
लंबी पैदल यात्रा

Animaux	जानवरों
Bottes	जूते
Camping	डेरा डालना
Carte	नक्शा
Climat	जलवायु
Eau	पानी
Falaise	चट्टान
Fatigué	थक गया
Guides	गाइड
Lourd	भारी
Météo	मौसम
Montagne	पहाड़
Nature	प्रकृतं
Orientation	अभवनि्यास
Parcs	पार्क
Pierres	पत्थर
Préparation	तैयारी
Sauvage	जंगली
Soleil	सूर्य
Sommet	शखिर सम्मेलन

Remplir
भरने के लिए

Baignoire	टब
Baril	बैरल
Bassin	घाटी
Boîte	बॉक्स
Bouteille	बोतल
Caisse	टोकरा
Carton	कार्टन
Dossier	फ़ोल्डर
Enveloppe	लफिाफा
Panier	टोकरी
Paquet	पैकेट
Plateau	ट्रे
Poche	जेब
Sac	थैला
Seau	बाल्टी
Tiroir	दराज
Tube	ट्यूब
Valise	सूटकेस
Vase	फूलदान

Restaurant #1
रेस्टोरेंट #1

Allergie	एलर्जी
Assiette	प्लेट
Bol	कटोरा
Café	कॉफ़ी
Caissier	खजांची
Couteau	चाकू
Cuisine	रसोई
Dessert	मठिाई
Épicé	मसालेदार
Ingrédients	सामग्री
Menu	मेन्यू
Nourriture	भोजन
Pain	रोटी
Poulet	चकिन
Réservation	आरक्षण
Sauce	चटनी
Serveuse	वेट्रेस
Serviette	नैपकनि
Viande	मांस

Restaurant #2
रेस्टोरेंट #2

Boisson	पेय
Chaise	कुर्सी
Cuillère	चम्मच
Déjeuner	दोपहर का भोजन
Délicieux	स्वादष्टि
Dîner	रात का खाना
Eau	पानी
Épices	मसाले
Fourchette	कांटा
Fruit	फल
Gâteau	केक
Glace	बर्फ
Légumes	सब्जियां
Nouilles	नूडल्स
Oeuf	अंडे
Poisson	मछली
Salade	सलाद
Sel	नमक
Serveur	वेटर
Soupe	सूप

Salle de Bains
स्नानघर

Bain	स्नान
Bulles	बुलबुले
Ciseaux	कैंची
Douche	बौछार
Eau	पानी
Éponge	स्पंज
Lotion	लोशन
Miroir	दर्पण
Parfum	इत्र
Robinet	नल
Savon	साबुन
Serviette	तौलयि
Shampooing	शैम्पू
Tapis	गलीचा
Toilette	शौचालय
Vapeur	भाप

Science
वज्ञिान

Atome	परमाणु
Chimique	रासायनकि
Climat	जलवायु
Données	डेटा
Expérience	प्रयोग
Évolution	वकिास
Fait	तथ्य
Fossile	जीवाश्म
Gravité	गुरुत्वाकर्षण
Hypothèse	परकिल्पना
Laboratoire	प्रयोगशाला
Méthode	तरीका
Minéraux	खनजि
Molécules	अणुओं
Nature	प्रकृति
Observation	अवलोकन
Organisme	जीव
Particules	कण
Physique	भौतकि वज्ञिान
Scientifique	वैज्ञानकि

Science-Fiction
कल्पति वज्ञिान

Atomique	परमाणु
Cinéma	सनिमा
Explosion	वस्फिोट
Extrême	चरम
Fantastique	शानदार
Feu	आग
Futuriste	फ्यूचरस्टिकि
Galaxie	आकाशगंगा
Illusion	भ्रम
Imaginaire	काल्पनकि
Livres	पुस्तकें
Monde	दुनयाि
Mystérieux	रहस्यमय
Oracle	आकाशवाणी
Planète	ग्रह
Réaliste	यथार्थवादी
Robots	रोबोट
Scénario	परदृिश्य
Technologie	प्रौद्योगकिी
Utopie	आदर्शलोक

Sports
सपोर्ट्स

Arbitre	रेफरी
Base-Ball	बेसबॉल
Basket-Ball	बास्केटबॉल
Championnat	चैम्पयिनशपि
Entraîneur	कोच
Équipe	टीम
Gagnant	वजिता
Golf	गोल्फ
Gymnase	व्यायामशाला
Gymnastique	जमिनास्टकि
Hockey	हॉकी
Jeu	खेल
Joueur	खलाड़ी
Mouvement	गत
Stade	स्टेडयिम
Tennis	टेनसि
Vélo	साइकलि

Surf
सर्फ़गि

Amusement	मज़ा
Athlète	खलाड़ी
Champion	चैंपयिन
Débutant	शुरुआत
Estomac	पेट
Extrême	चरम
Force	ताकत
Foules	भीड़
Météo	मौसम
Mousse	फोम
Océan	सागर
Plage	समुद्र तट
Populaire	लोकप्रयि
Récif	चट्टान
Style	शैली
Vague	लहर
Vitesse	गत

Technologie
प्रौद्योगकिी

Affichage	प्रदर्शन
Blog	ब्लॉग
Caméra	कैमरा
Curseur	कर्सर
Données	डेटा
Écran	स्क्रीन
Fichier	फ़ाइल
Internet	इंटरनेट
Logiciel	सॉफ़्टवेयर
Message	संदेश
Navigateur	ब्राउज़र
Numérique	डजिटिल
Octets	बाइट्स
Ordinateur	संगणक
Police	फ़ॉन्ट
Recherche	अनुसंधान
Sécurité	सुरक्षा
Statistiques	सांख्यकिी
Virtuel	आभासी
Virus	वाइरस

Temps
टाइम

Année	वर्ष
Annuel	वार्षकि
Après	के बाद
Avant	इससे पहले
Bientôt	जल्द ही
Calendrier	कैलेंडर
Décennie	दशक
Futur	भवष्यि
Heure	घंटा
Hier	कल
Horloge	घड़ी
Jour	दनि
Maintenant	अब
Matin	सुबह
Midi	दोपहर
Minute	मनिट
Mois	महीना
Nuit	रात
Semaine	सप्ताह
Siècle	सदी

Types de Cheveux
बालों के प्रकार

Argent	चाँदी
Blanc	सफेद
Blond	गोरा
Boucles	कर्ल
Brillant	चमकदार
Chauve	गंजा
Coloré	रंगीन
Court	कम
Doux	नरम
Épais	मोटा
Frisé	घुंघराले
Gris	धूसर
Long	लंबा
Marron	भूरा
Mince	पतला
Noir	काला
Ondulé	लहराती
Sain	स्वस्थ
Sec	सूखा
Tressé	लट

Vacances #2
अवकाश #2

Aéroport	हवाई अड्डा
Camping	डेरा डालना
Carte	नक्शा
Destination	गंतव्य
Étranger	वदिेशी
Hôtel	होटल
Île	द्वीप
Loisir	अवकाश
Mer	समुद्र
Passeport	पासपोर्ट
Plage	समुद्र तट
Restaurant	भोजनालय
Réservations	आरक्षण
Taxi	टैक्सी
Tente	तंबू
Train	ट्रेन
Transport	परविहन
Vacances	छुट्टी
Visa	वीजा
Voyage	यात्रा

Vertus #1

गुण #1

Artistique	कलात्मक
Bon	अच्छा
Charmant	आकर्षक
Confiant	वश्विास
Curieux	जज्ञिासु
Décisif	नर्णायक
Efficace	कुशल
Fiable	वश्विसनीय
Généreux	उदार
Imaginatif	कल्पनाशील
Indépendant	स्वतंत्र
Intelligent	बुद्धमिान
Modeste	मामूली
Passionné	भावुक
Patient	रोगी
Pratique	व्यावहारकि
Propre	स्वच्छ
Sage	ढंग
Utile	उपयोगी

Véhicules

वाहन

Ambulance	रोगी वाहन
Avion	वमिान
Bateau	नाव
Bus	बस
Camion	ट्रक
Caravane	कारवां
Ferry	नौका
Fusée	रॉकेट
Hélicoptère	हेलीकॉप्टर
Métro	भूमगित मार्ग
Moteur	मोटर
Navette	शटल
Pneus	टायर
Radeau	बेड़ा
Scooter	स्कूटर
Sous-Marin	पनडुब्बी
Taxi	टैक्सी
Tracteur	ट्रैक्टर
Vélo	साइकलि
Voiture	कार

Vêtements

कपडे

Bracelet	कंगन
Ceinture	बेल्ट
Chapeau	टोपी
Chaussure	जूता
Chemise	कमीज
Chemisier	ब्लाउज
Collier	हार
Foulard	दुपट्टा
Gants	दस्ताने
Jeans	जीन्स
Jupe	स्कर्ट
Manteau	कोट
Mode	फैशन
Pantalon	पैंट
Pull	स्वेटर
Pyjama	पाजामा
Robe	पोशाक
Sandales	सैंडल
Tablier	एप्रन
Veste	जैकेट

Ville

नगर

Aéroport	हवाई अड्डा
Banque	बैंक
Bibliothèque	पुस्तकालय
Boulangerie	बेकरी
Cinéma	सनिमा
Clinique	क्लनिकि
École	स्कूल
Fleuriste	फूलवाला
Galerie	गैलरी
Hôtel	होटल
Marché	बाजार
Musée	संग्रहालय
Pharmacie	फार्मेसी
Restaurant	भोजनालय
Salon	सैलून
Stade	स्टेडयिम
Supermarché	सुपरमार्केट
Théâtre	थएिटर
Université	वश्विवद्यालय
Zoo	चड़ियिाघर

Félicitations

Vous avez réussi !

Nous espérons que vous avez apprécié ce livre autant que nous avons pris plaisir à le concevoir. Nous faisons de notre mieux pour créer des livres de la meilleure qualité possible.
Cette édition est conçue pour permettre un apprentissage intelligent et de qualité en se divertissant !

Vous avez aimé ce livre ?

Une Simple Demande

Nos livres existent grâce aux avis que vous publiez. Pourriez-vous nous aider en laissant un avis maintenant ?

Voici un lien rapide qui vous mènera à votre page d'évaluation de vos commandes :

BestBooksActivity.com/Avis50

CHALLENGE FINAL !

Défi n°1

Êtes-vous prêt pour votre jeu bonus ? Nous les utilisons tout le temps mais ils ne sont pas si faciles à trouver. Voici les **Synonymes** !

Notez 5 mots que vous avez trouvés dans les puzzles notés ci-dessous (n°21, n°36, n°76) et essayez de trouver 2 synonymes pour chaque mot.

Notez 5 Mots du **Puzzle 21**

Mots	Synonyme 1	Synonyme 2

Notez 5 Mots du **Puzzle 36**

Mots	Synonyme 1	Synonyme 2

Notez 5 Mots du **Puzzle 76**

Mots	Synonyme 1	Synonyme 2

Défi n°2

Maintenant que vous vous êtes échauffé, notez 5 mots que vous avez découverts dans les Puzzles n° 9, n° 17, n° 25 et essayez de trouver 2 antonymes pour chaque mot. Combien pouvez-vous en trouver en 20 minutes ?

Notez 5 Mots du **Puzzle 9**

Mots	Antonyme 1	Antonyme 2

Notez 5 Mots du **Puzzle 17**

Mots	Antonyme 1	Antonyme 2

Notez 5 Mots du **Puzzle 25**

Mots	Antonyme 1	Antonyme 2

Défi n°3

Formidable ! Ce défi final n'est rien pour vous.

Prêt pour le dernier défi ? Choisissez 10 mots que vous avez découverts parmi les différents puzzles et notez-les ci-dessous.

1.	6.
2.	7.
3.	8.
4.	9.
5.	10.

Maintenant, composez un texte en pensant à une personne, un animal ou un lieu que vous aimez !

Astuce: Vous pouvez utiliser la dernière page de ce livre comme brouillon !

Votre Composition :

_____

_____

_____

_____

_____

_____

_____

CARNET DE NOTES :

À TRÈS BIENTÔT !

Toute l'équipe

DECOUVREZ DES JEUX GRATUITS

GO

BESTACTIVITYBOOKS.COM/FREEGAMES